Umwerfende Motivtorten

Marian Moschen

Umwerfende
Motivtorten

für jeden Anlass

Hinweise zum Buch

Für die Zubereitung der Rezepte wird eine Grundausstattung von Werkzeugen und Hilfs-
mitteln vorausgesetzt, die in den Zutatenlisten nicht mehr extra erwähnt werden. Dazu
zählen haushaltsübliche Dinge wie z. B. Backformen, Schüsseln, Palette, Spachtel, Messer,
Zahnstocher und Cakepop-Sticks, dekorative Tortenplatten und Cakeboards, Pflanzenfett und
Fondantkleber ebenso wie spezielle Modellierwerkzeuge. Um sicherzustellen, dass Sie alle
benötigten Zutaten und Materialien im Haus haben, lesen Sie die Rezepte vor dem Einkaufen
einmal aufmerksam und komplett durch. Das ist auch für Ihre Zeitplanung wichtig, denn
die Herstellung von Motivtorten erfordert häufig längere Kühl- und Trockenzeiten; manche
Komponenten müssen bis zu 24 Stunden aushärten.

Die Mengenangaben beim Modellieren mit Zuckermassen sind nur als grobe Anhaltspunkte
zu verstehen. Gerade bei Figuren muss man ein wenig Gefühl für die richtigen Mengen und
Relationen entwickeln. Grundsätzlich gilt: Lieber etwas mehr Fondant, Modelliermarzipan oder
Blütenpaste einkaufen, als am Ende mit zu wenig Material dazustehen.

Abkürzungen
g = Gramm
kg = Kilogramm
mm = Millimeter
cm = Zentimeter
ml = Milliliter
Pckg. = Packung
Ø : Durchmesser

Backofen:
Alle angegebenen Temperaturen beziehen sich auf einen Elektroherd mit Ober- und Unterhitze.
Falls Sie mit Umluft arbeiten, reduzieren Sie die Temperatur um 20 °C.

Inhaltsverzeichnis

Vorwort

„Das Auge isst mit" ist eine Redewendung, die passionierte Zuckerbäcker, Konditoren und Hobbybäcker immer im Kopf haben. Deshalb sorgen sie seit jeher dafür, dass ihre Torten nicht nur vorzüglich schmecken, sondern die Betrachter auch beim bloßen Anblick ins Schwärmen geraten lassen.

Sahne, Buttercreme oder Schokolade ermöglichen wunderschön verzierte Oberflächen und Muster, ihre Möglichkeiten sind aber limitiert. An diesem Punkt kommen Rollfondant, Modellierfondant, Modelliermarzipan und Blütenpaste ins Spiel. Diese Zuckermassen ermöglichen Designs, Figuren und Formen, denen nur durch die Kreativität der Tortendesigner Grenzen gesetzt sind. Ob runde oder eckige Torten oder gar dreidimensionale Kunstwerke – alles ist möglich, vorausgesetzt man beherrscht den Umgang mit dem Material. Doch wie so oft ist aller Anfang schwer. Man be-

nötigt, neben einer Portion Geschick und Geduld, vor allem ein wenig Grundwissen, um einen reibungslosen Start ins Leben eines Tortendesigners hinzukriegen – und diesen Start soll dieses Buch erleichtern. Nach einer kurzen Einführung, die die wesentlichen Grundlagen zeigt, werden zwanzig Motivtorten vorgestellt, die dank verständlicher Anleitungen selbst Anfänger nachmachen können. Schritt für Schritt wird vorgeführt, wie man aus einem einfachen Kuchen eine Motivtorte zaubert, die nicht nur bei der Herstellung riesige Freude bereitet, sondern auch jeden Gast und Beschenkten in ungläubiges Staunen versetzt.

Viel Spaß also beim Backen, Kreieren, Designen und natürlich auch beim Essen. Und vor allen Dingen: viel Freude an diesem Buch!

Marian Moschen,
Tortendesigner aus Leidenschaft

Grundlagen

Die Basis einer Motivtorte - der Kuchen

Ohne jeden Zweifel ist es das Design, das eine Motivtorte zu etwas Besonderem macht. Dennoch steht und fällt der Erfolg einer solchen Torte mit dem Moment, in dem das gute Stück angeschnitten und verkostet wird. Denn auch bei einer Motivtorte gilt: Die inneren Werte zählen. Eine Torte kann noch so hübsch sein – wenn sie nicht schmeckt, taugt sie nicht viel.

Man kann jedes beliebige Rezept für den Basiskuchen verwenden, wer jedoch keines zur Hand hat, kann mit diesen beiden Grundrezepten für einen Rührteigkuchen und einen feinen Biskuit eigentlich nichts falsch machen. Sie sind berechnet für eine 20-cm-Springform, die in diesem Buch für einen Großteil der Kuchen verwendet wird. Idealerweise sollte die Form 8–10 cm hoch sein, denn ein Kuchen von dieser Höhe wirkt einfach eleganter.

Rührteig

Rührteig gehört zusammen mit Biskuitteig zu den vielfältigsten Teigen und bei der Zubereitung geht selten etwas schief. Rührteigkuchen eignen sich sehr gut für alle Motivtorten, die zugeschnitten werden müssen, wie z. B. die American-Football-Torte (s. S.26).

Grundrezept
- 200 g weiche Butter oder Margarine, plus etwas mehr für die Form
- 200 g Zucker
- 1 Pck. Vanillezucker
- 1 Prise Salz
- 4 Eier
- 350 g Mehl, plus etwas mehr für die Form
- 1 Pck. Backpulver
- ca. 75 ml Milch (bei Bedarf)

1. Den Backofen auf 200 °C (Ober- und Unterhitze) vorheizen. Die Springform einfetten und mit Mehl bestäuben.

2. Butter oder Margarine in Stücke schneiden und mit Zucker, Vanillezucker und Salz in eine Rührschüssel geben. Mit den Rührbesen des Handmixers weiß-schaumig schlagen.

3. Die Eier einzeln unterrühren. Damit die Masse nicht gerinnt, jedes Ei vollständig mit der Masse verrühren, bevor ein neues dazugegeben wird.

4. Mehl und Backpulver vermischen, sieben und mit einem Rührlöffel portionsweise unter den Teig mischen. Der Teig hat die richtige Konsistenz, wenn er in schweren Tropfen vom Löffel fällt. Solange er zäh ist, esslöffelweise Milch unterrühren. Wenn das ganze Mehl im Teig ist, nicht mehr lange rühren, weil der Teig sonst unregelmäßig werden kann.

5. Den Teig sofort in die Form geben und die Oberfläche gleichmäßig verstreichen. Die Form sollte etwa zu zwei Dritteln gefüllt sein. Im vorgeheizten Backofen ca. 60 Minuten backen. Dann kurz abkühlen lassen, auf ein Kuchengitter stürzen und vollständig erkalten lassen.

Tipps:
- Bevor es losgeht, alle Zutaten abwiegen, abmessen und bereitstellen, damit sie etwa die gleiche Temperatur haben und zügig verarbeitet werden können.
- Wird die Oberfläche des Kuchens zu schnell braun, den Kuchen entweder mit Backpapier abdecken oder eine Einschubebene tiefer stellen.
- Kurz vor dem Ende der Backzeit eine Garprobe machen: Dazu ein Holzstäbchen senkrecht in die Kuchenmitte stecken und wieder herausziehen. Bleibt Teig daran kleben, ist der Kuchen noch nicht fertig.
- Den fertig gebackenen Kuchen ca. 10 Minuten in der Form ruhen lassen, dann auf ein Kuchengitter stürzen.
- Der Rührteig kann mit 2–3 EL Kakao, Haselnusscreme oder Erdnussbutter aromatisiert werden.

Biskuitteig

Wie der Mürbeteig zählt Biskuit zu den sogenannten Massen. Er ist vielseitig einsetzbar, leicht zuzubereiten und im Gegensatz zu einem Rührteig fettarm und somit deutlich kalorienärmer. Die Grundzutaten für einen Biskuitteig sind Eier, Zucker und Mehl, das oft mit Speisestärke gemischt wird. Die lockere und luftige Konsistenz des Biskuits macht ihn etwas schwieriger für den Fondantüberzug vorzubereiten. Deshalb empfiehlt es sich, den Kuchen am Vortag zu backen, sodass er sich etwas setzen kann.

Grundrezept
• 5 Eier
• 150 g Zucker
• 1 cl Rum
• 150 g Mehl
• Fett für die Form

1. Den Backofen auf 180 °C (Ober- und Unterhitze) vorheizen. Den Boden der Springform fetten und mit Backpapier auslegen.

2. Die Eier trennen. Das Eiweiß mit den Rührbesen des Handmixers schlagen, bis es Fülle bekommt. Dann unter ständigem Mixen 100 g Zucker einrieseln lassen. Die Masse sehr steif und cremig schlagen, bis die Oberfläche seidig matt ist.

3. Den restlichen Zucker zum Eigelb geben und mit den Rührbesen des Handmixers so lange rühren, bis eine dicke, fast weiße Creme entstanden ist. Zuletzt den Rum unterrühren.

4. Das Mehl über den Eischnee sieben und die Eigelbmasse daraufgeben. Alles vorsichtig von Hand mit einem Holzlöffel oder Schneebesen unterheben, bis sich alles vermischt hat.

5. Den Teig in die Springform füllen und die Oberfläche mit einer Teigkarte glatt streichen. Den Biskuit sofort nach der Zubereitung im vorgeheizten Backofen 25–40 Minuten bzw. nach Angaben im Rezept backen.
Nach dem Backen den Boden mit einem Messer vom Rand lösen, den Kuchen auf ein Kuchengitter stürzen und vor der Weiterverarbeitung mindestens 2 Stunden, besser über Nacht ruhen lassen.

Tipps:
• Für das Gelingen des Biskuitteigs muss der Eischnee steif und cremig sein, die Oberfläche matt glänzend. Dafür müssen Schüssel und Rührbesen vollkommen fettfrei sein und beim Trennen der Eier dürfen keinerlei Eigelbspuren ins Eiweiß geraten.
• Zur Vorbereitung der Springform diese öffnen und nur den Boden einfetten. Einen Bogen Backpapier auf den Boden der Form legen, den Boden wieder mit dem Springformrand umspannen und das überstehende Backpapier abschneiden. Das Backpapier in der Form etwas glatt streichen. Der Rand der Springform wird nicht gefetet, da der Biskuitteig sonst abrutschen könnte.
• Den Backofen rechtzeitig vorheizen, denn der Teig muss nach der Zubereitung sofort gebacken werden, sonst fällt er zusammen.
• Bei Heißluft trocknet der Biskuitteig relativ schnell aus, deshalb ist Ober- und Unterhitze für ihn besser geeignet.
• Man erkennt, ob der Teig fertig ist, indem man die Hand vorsichtig darauflegt. Fühlt er sich geschmeidig, weich und trocken an und bleibt keine Druckstelle zurück, ist er fertig. Ist er hingegen feucht und klebrig, muss man ihn noch im Backofen lassen.
• Bleibt das Backpapier am Biskuit kleben, das Papier mit kaltem Wasser bestreichen und vorsichtig abziehen.
• Biskuit kann auf Vorrat gebacken und nach dem Abkühlen einzeln eingepackt eingefroren werden. Vor der Verwendung bei Zimmertemperatur, nicht im Backofen, auftauen lassen, sonst trocknet er aus.

Die verschiedenen Modelliermassen

Um aus einem einfachen Kuchen ein echtes Kunstwerk aus Fondant, Marzipan und Blütenpaste zu machen, gilt es vor allem zu wissen, welches Material sich für welche Figuren, Formen und Details eignet. Denn Fondant ist nicht Fondant und Marzipan und Blütenpaste können nur für bestimmte Zwecke eingesetzt werden. Man unterscheidet grundsätzlich die folgenden vier Modelliermassen:

Rollfondant

Rollfondant, auch Einschlagmasse genannt, ist der gängigste Fondant und wird überwiegend zum Eindecken von Torten verwendet. Er ist schneeweiß, verhältnismäßig geschmacksneutral und lässt sich sehr gut mit Lebensmittelfarbpaste färben. Er trocknet relativ langsam und härtet nie vollständig aus. Alle Torten in diesem Buch sind damit eingedeckt.

Modellierfondant

Modellierfondant ähnelt dem Rollfondant, hat jedoch eine festere Konsistenz und trocknet schneller, weil er das als unbedenklich geltende Verdickungsmittel CMC (Carboxymethylcellulose; E 466) enthält. Seine Eigenschaft, die Form zu behalten, macht ihn ideal zum Modellieren von Figuren, Fahrzeugen usw. Die Oberfläche von Modellierfondant wird sehr glatt.

Blütenpaste

Blütenpaste ist sehr fest und deshalb relativ schwer zu formen. Ihre Stabilität ermöglicht jedoch das Modellieren von feinen Details wie Blüten sowie allen Teilen, die in Form bleiben müssen, wie z. B. der Schuh auf der High-Heel-Torte (s. S. 60–63). Die Schwierigkeit im Umgang mit Blütenpaste liegt darin, dass das Material binnen weniger Minuten komplett trocknet und dann beim Formen bricht.

Modelliermarzipan

Modelliermarzipan, auch Dekormarzipan genannt, ist die unkomplizierteste Modelliermasse. Es ist leicht zu färben, einfach zu modellieren, formstabil und trocknet sehr langsam. Außerdem schmeckt es gut. Der Nachteil liegt in der durch die Mandeln bedingten eher groben Konsistenz, weshalb Modelliermarzipan nur für nicht allzu detailreiche Figuren und Formen verwendbar ist. Modelliermarzipan ist unbedingt von Rohmarzipan zu unterschieden. Es ist mit Glukose statt Puderzucker angewirkt und dadurch deutlich fester als das zum Modellieren ungeeignete Rohmarzipan.

Färbe- und Hilfsmittel

Bei der Motivtortenherstellung gibt es drei Hilfsmittel, die so gut wie unverzichtbar sind und die man immer bereithalten sollte: Lebensmittelfarbpasten zum Einfärben der Zuckermassen, Pflanzenfett und Fondantkleber.

Lebensmittelfarbpasten

Lebensmittelfarbpasten sind hoch konzentrierte und gesundheitlich unbedenkliche Farben zum Kolorieren von Lebensmitteln; man erhält sie in Fachgeschäften und im Onlinehandel. Da diese Pasten kaum Wasser enthalten, sind sie die einzigen Lebensmittelfarben, die Fondant nicht erweichen und auflösen. Es gibt eine breite Palette verschiedener Farbtöne, die Farbpasten lassen sich darüber hinaus untereinander mischen. Alle Torten in diesem Buch wurden mit Lebensmittelfarbpasten gefärbt.

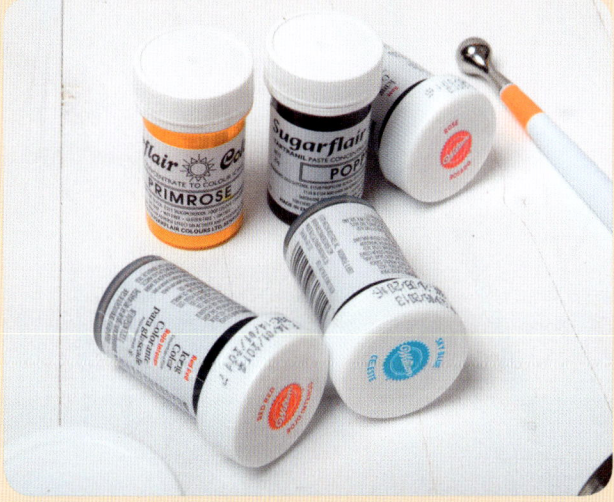

Modelliermassen kaufen oder selbst zubereiten?
Grundsätzlich ist es zwar aufwendig, aber nicht allzu schwierig, Fondant und Marzipan selbst herzustellen. Es gibt jedoch zwei Gründe, die dagegensprechen. Zum einen sind die selbst gemachten Massen kaum günstiger als die fertig gekauften, zum anderen variieren sie in ihrer Konsistenz, was es gerade für Anfänger schwer macht, wirklich schöne Ergebnisse beim Gestalten zu erzielen. Aus diesen Gründen werden in diesem Buch Fondant und Modelliermarzipan von bekannten Markenherstellern verwendet.

Pflanzenfett

Gehärtetes Pflanzenfett ist in jedem Supermarkt zu bekommen und wird eigentlich zum Frittieren und Kochen verwendet. Im Umgang mit Fondant benutzt man es bei zwei Problemen: Ist Rollfondant zu trockenund wird spröde, knetet man einfach ein bisschen Pflanzenfett unter und schon ist er wieder geschmeidig.
Außerdem hilft das Fett zusammen mit etwas Wachspapier beim Übertragen von Details auf eine Torte, ohne dass sich diese verformen bzw. verziehen (s. z. B. New-York-Torte, S. 74–77).

Fondantkleber

Um Fondant zu kleben, verwendet man am besten etwas Fondantkleber. Dieser kann fertig im Tortenfachgeschäft gekauft werden, er lässt sich jedoch auch ganz einfach selbst herstellen. Man kocht 100 ml Wasser auf, vermischt es mit einem Teelöffel des Verdickungsmittels CMC (Carboxymethylcellulose; E 466) und lässt die Flüssigkeit etwas stehen. Im Kühlschrank hält sich der farblose Kleber einige Tage.

Werkzeuge zum Modellieren und Verzieren

Damit die eigenen Motivtorten perfekt gelingen, sollte man sich zumindest einen kleinen Fundus an speziellen Werkzeugen zulegen. Nur dann macht die Herstellung richtig Spaß, denn man kann seinen Kreationen die nötigen Details hinzufügen, die aus einem „netten Kuchen" ein Tortenkunstwerk machen. Die hier abgebildeten Werkzeuge sollten als Grund-

ausstattung vorhanden sein. Man erhält sie in Fachgeschäften oder Abteilungen für Küchenzubehör sowie in Onlineshops; häufig werden Sets für Einsteiger und Profis zu einem günstigeren Preis angeboten. Wachspapier gibt es in Bastelläden. Die Funktionen und Verwendungszwecke der einzelnen Modellier- und Verzierwerkzeuge werden in den jeweiligen Rezepten erklärt.

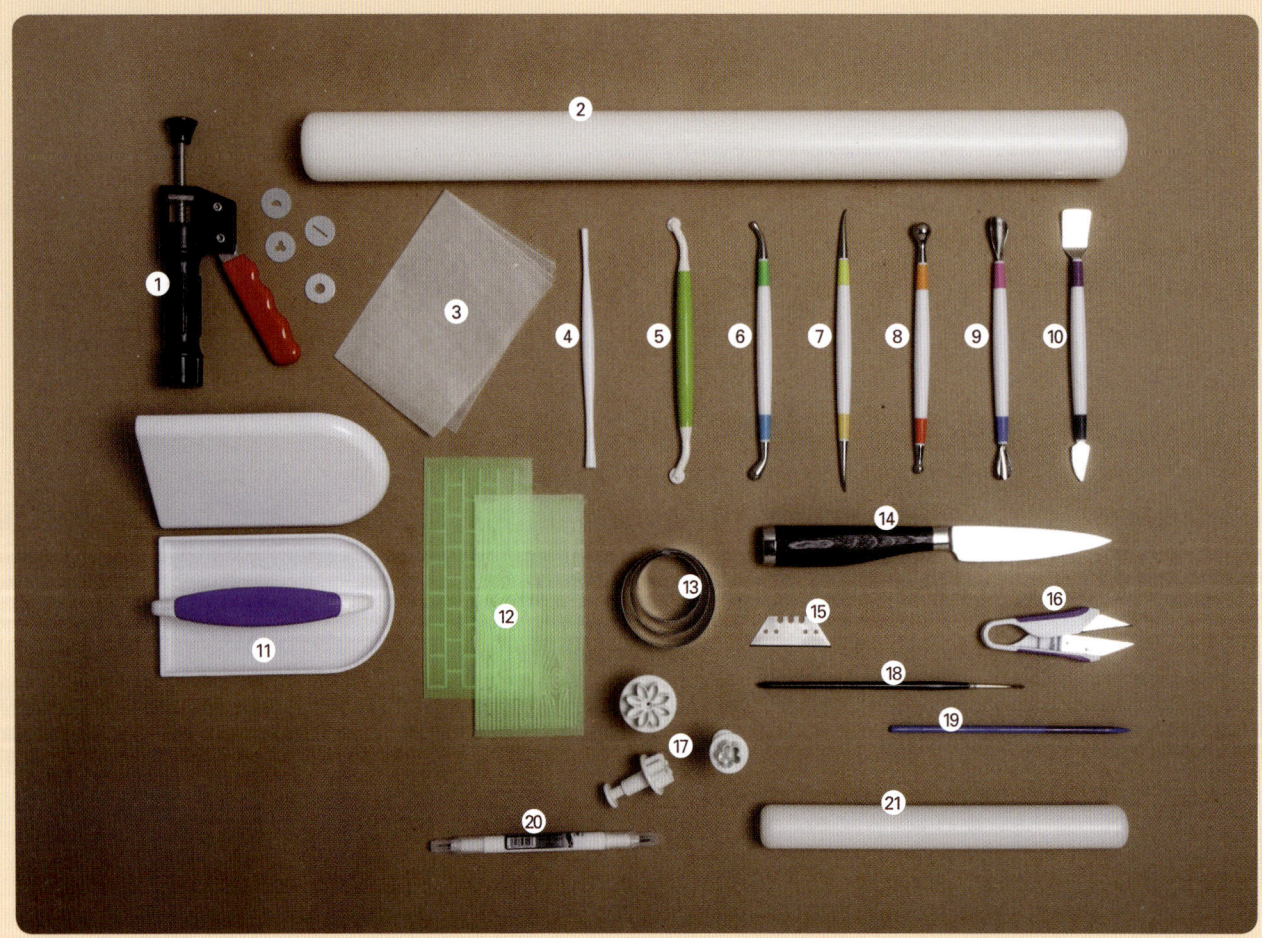

1 Fondantpresse mit Lochmasken	**6** Dogbone Tool	**12** Strukturmatten	**17** Ausstecher für Blumen und Schmetterlinge
2 großer Rollstab	**7** Pick Tool	**13** runde Ausstecher	**18** Pinsel
3 Wachspapier	**8** Balltool	**14** scharfes Messer	**19** Modellierstab
4 Strohhalmtool	**9** Smile Tool	**15** Stanley-Klinge	**20** Lebensmittelfarbstift
5 Nahttool	**10** Schneide-Hebe-Tool	**16** kleine Schere	**21** kleiner Rollstab
	11 Fondantglätter		

Eine Torte fürs Eindecken vorbereiten

So toll man mit Rollfondant auch arbeiten kann, das Material hat einen großen Nachteil: Es verzeiht keine Fehler. Unebenheiten sind nur schwer auszugleichen, also gilt es, sie von vornherein zu vermeiden. Das gelingt, wenn man die Torte vor dem Eindecken mit Buttercreme oder Ganache bestreicht.

Buttercreme

Es gibt zahlreiche Variationen von Buttercreme. In diesem Buch wird die Buttercreme stets um Pudding ergänzt, denn er gibt der Creme Geschmeidigkeit, etwas mehr Stabilität bei wärmeren Temperaturen und mindert den Fettgehalt drastisch.

Grundrezept (Für 1 Kg)
- 400 ml Milch
- 1 Pckg. Vanillepuddingpulver
- 300 g zimmerwarme Butter
- 300 g Puderzucker
- 100 g geschmolzene Schokolade oder Fruchtpüree (nach Belieben)

1. Aus Milch und Vanillepuddingpulver einen etwas festeren Pudding kochen. Den fertigen Pudding noch heiß sofort mit Frischhaltefolie abdecken und auskühlen lassen.

2. Die Butter zusammen mit dem Puderzucker ca. 10 Minuten aufschlagen, bis sie weiß-schaumig ist.

3. Den erkalteten Pudding mit einem Handmixer cremig rühren und anschließend löffelweise unter die Buttermasse rühren.

4. Nach Belieben mit Schokolade oder Fruchtpüree verfeinern.

Wie viel Buttercreme bzw. Ganache wird benötigt?

Beim ersten Überziehen einer Torte mit Buttercreme oder Ganache wird so mancher feststellen, dass man eine deutliche größere Menge braucht als erwartet. Unsere Empfehlungen für die einzelnen Tortengrößen:

20 cm ø: 1 kg
25 cm ø: 1,5 kg
27 cm ø: 1,8 kg

Grundsätzlich gilt: Lieber etwas mehr machen, als nicht genug zu haben. Überschüssige Ganache hält sich im Kühlschrank einige Tage; man kann sie für andere Kuchen als Füllung verwenden oder in einen Teig rühren. Buttercreme ist deutlich empfindlicher, gekühlt hält aber auch sie sich 2–3 Tage.

Eine Torte mit Buttercreme überziehen

1. Buttercreme nach dem Grundrezept zubereiten.

2. Einen Kuchen nach dem Grundrezept (s. S. 14/15) backen und auskühlen lassen. Falls der Kuchen ungleichmäßig aufgegangen sein sollte, die Erhöhung abschneiden.

3. Den Kuchen ein- oder zweimal durchschneiden. Alle Brösel sorgfältig entfernen, damit sie nicht in die Creme geraten.

4. Den untersten Tortenboden auf ein Cakeboard stellen, das etwas größer ist als der Kuchen. Mit einer Winkel-palette eine dünne Schicht Creme auftragen und gleichmäßig verteilen.

5. Den zweiten Tortenboden darauflegen und ebenfalls dünn und gleichmäßig mit Creme bestreichen.

6. Den letzten Tortenboden darauflegen, aber noch nicht mit Creme bestreichen.

7. Die restliche Creme großzügig rund um den Kuchen auftragen und grob verteilen. Noch immer keine Creme auf die Oberseite geben.

8. Mit der geraden Seite einer Teigkarte am Cakeboard entlang die überschüssige Creme abziehen. Falls noch

noch Unregelmäßigkeiten vorhanden sind, dort nochmals großzügig Creme auftragen und abziehen. Die Creme, die nun oben über die Torte hinausragt, mit einer Palette vorsichtig in die Mitte des Kuchens ziehen, sodass eine saubere Kante entsteht.

9. So sieht die fertige Torte aus drei Lagen Kuchen und zwei Schichten Creme angeschnitten aus. Damit sie stabil genug für einen Überzug mit Rollfondant ist, muss man sie mindestens 30 Minuten, besser 1–2 Stunden kühlen.

Ganache

Eine klassische Ganache ist eine Creme aus Kuvertüre und Sahne, die zum Einstreichen und Füllen von Torten verwendet wird. Erkaltet ist sie relativ stabil, was sie zu einer idealen Unterlage für einen Rollfondantüberzug macht. Sie wird ebenso aufgetragen wie die Buttercreme (s. S. 19/20).

Grundrezept
Zur Herstellung von Ganache benötigt man nur Kuvertüre und Sahne (mindestens 36 % Fettgehalt), die Menge richtet sich nach der Größe der Torte (s. S. 19).
Wichtig ist, sich exakt an das richtige Mengenverhältnis zwischen Kuvertüre und Sahne zu halten, das je nach verwendeter Schokolade variiert.

Zartbitter-Kuvertüre 2:1 z. B.
1000 g Kuvertüre, 500 ml Sahne

Vollmilch-Kuvertüre 3:1 z. B.
1000 g Kuvertüre, 300 ml Sahne

weiße Kuvertüre 3:1 z. B.
1000 g Kuvertüre, 300 ml Sahne

1. Die gewünschte Menge Schokolade reiben oder fein hacken und in eine Schüssel geben.

2. Die Sahne erhitzen, aber nicht kochen lassen, sondern kurz vor dem Kochen vom Herd nehmen.

3. Die Schokolade mit der Sahne übergießen und 2–3 Minuten schmelzen lassen.

4. Mit einem Schneebesen ganz vorsichtig, ohne viel Luft darunterzuheben, so lange rühren, bis sich Sahne und Schokolade verbunden haben. Die Masse sollte eine ähnliche Konsistenz wie Haselnusscreme haben.

5. Die fertige Ganache vor der Verwendung mindestens 5 Stunden an einem kühlen, aber nicht kalten Ort stehen lassen, damit sie sich setzen kann. Bei Zimmertemperatur dauert es etwas länger.

Eine Torte mit Rollfondant eindecken

Das Eindecken einer Motivtorte mit Rollfondant ist gar nicht mehr so schwer, wenn man den Kuchen zuvor gleichmäßig mit Buttercreme oder Ganache überzogen hat. Vor allem drei Dinge muss man aber über die Masse noch wissen, ehe man loslegen und erste Erfolge erzielen kann.

Fondant mag es trocken, Wasser ist sein Feind.
Fondant darf niemals mit Flüssigkeiten (z. B. Wasser, Milch oder Sahne), Gelatine oder stark wasserhaltigen Cremes in Berührung kommen, sonst löst er sich auf und zerrinnt.

Fondant (ver)trocknet wie eine Seerose in der Wüste Gobi.
Fondant, der gerade nicht in Gebrauch ist, muss unbedingt in einer Plastiktüte oder in Frischhaltefolie gelagert werden. Bei längerer Lagerung sollte man ihn zusätzlich in einen luftdichten Behälter geben.

Fondant mag kein direktes Sonnenlicht.
Kuchen und Torten sollten grundsätzlich nicht in der prallen Sonne stehen, Fondant ist diesbezüglich aber besonders empfindlich. Mit Fondant überzogene Torten oder Figuren aus Fondant bleichen in der Sonne schnell aus, sodass aus einem kräftigen Rot ein blasses Rosa werden kann, ehe man sich versieht.

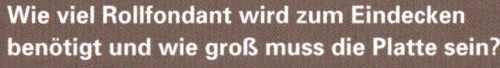

Wie viel Rollfondant wird zum Eindecken benötigt und wie groß muss die Platte sein?

Für eine 10 cm hohe Torte benötigt man etwa folgende Menge Fondant:

20 cm ø: 1 kg
25 cm ø: 1,5 kg
27 cm ø: 2 kg

Wie bei der Berechnung der Buttercreme oder Ganache gilt auch hier: Lieber zu viel als zu wenig. Vor dem Aufbringen des Fondantüberzugs sollte man unbedingt sicherstellen, dass die Größe der ausgerollten Platte zum Eindecken ausreicht. Die benötigten Maße ergeben sich aus der Tortengröße; die Platte muss in Höhe und Breite jeweils **2 x Kuchenhöhe + Durchmesser** groß sein. Eine Platte für einen Kuchen von 20 cm ø und 10 cm Höhe muss also mindestens 40 cm breit und 40 cm hoch sein (2 x 10 cm + 20 cm = 40 cm). Idealerweise rollt man den Fondant etwas größer aus, um beim Eindecken ein wenig Spielraum zu haben.

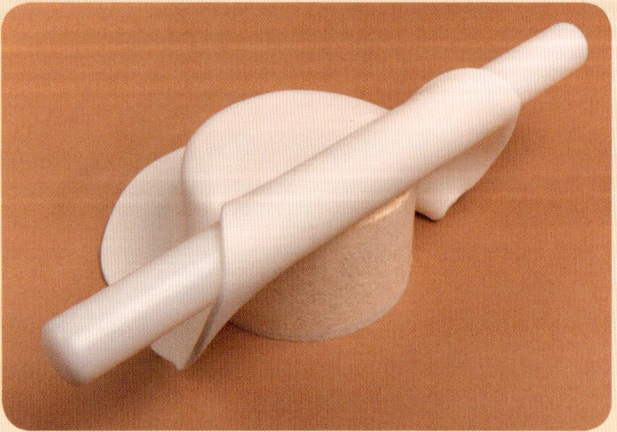

1. Eine Torte nach einem Grundrezept nach Wunsch vorbereiten (s. S. 14/15) und mit Ganache oder Buttercreme (s. S. 19/20) einstreichen. Eine entsprechende Menge Fondant nach Belieben färben und kneten, bis er geschmeidig ist. Sollte der Fondant zu trocken und rissig sein, einfach etwas Pflanzenfett unterkneten – aber nicht zu viel, damit er nicht klebrig wird.

2. Den Fondant mit einem Rollstab ca. 3–5 mm dick und sehr gleichmäßig ausrollen. Mit einem Lineal oder der Hand ausmessen, ob die Fläche ausreicht, um die gesamte Torte einzudecken (s. Kasten). Den ausgerollten Fondant über den Ausrollstab wickeln und über der Torte wieder abwickeln; dabei darauf achten, dass er nicht einreißt.

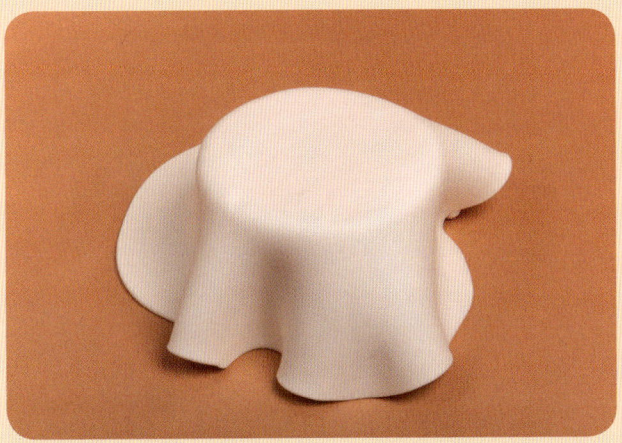

3. Mit dem Handballen vorsichtig die Luft unter dem Fondant nach außen streichen. Dann vorsichtig den Fondant von oben nach unten an die Torte drücken. An Stellen, an denen der Fondant Wellen schlägt, den Fondant noch mal auseinander und etwas nach außen ziehen.

4. Liegt der Fondant rundherum gleichmäßig an der Torte an, mit einem scharfen Messer die überschüssige Masse abschneiden und diese wieder gut verpacken, damit sie nicht eintrocknet.

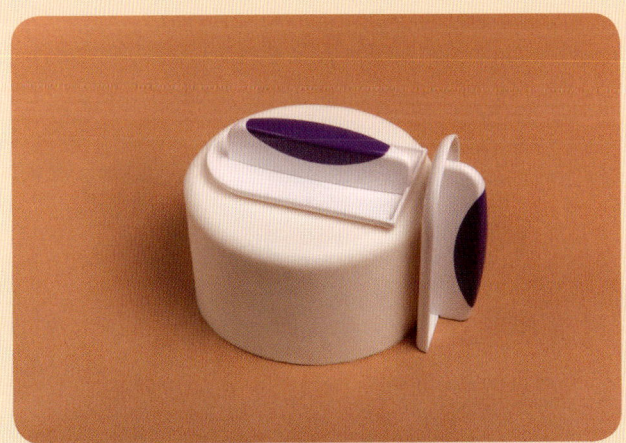

5. Mit zwei Fondantglättern zuerst die Oberseite des Kuchens durch kreisförmige Bewegungen glätten, dann die Seiten. Das geht besonders einfach, wenn man die Torte auf eine drehbare Tortenplatte stellt und diese dreht, während man den Fondant rundherum gleichmäßig mit sanftem Druck glatt streicht.

6. Sollte die Kante nicht gleichmäßig sein, mit den Handballen oder Fondantglättern vorsichtig den Rand nachziehen. Anschließend ist die Torte bereit für ein individuelles Design.

Männertorten

American-Football-Torte

ZUTATEN:

- 1 Blechkuchen
- 1,5 kg Buttercreme
- 1,8 kg Rollfondant
- braune Lebensmittel-farbpaste

American-Football-Spieler zählen zu den echten Kerlen in der Sportwelt. Damit sie auch täglich ihre volle Leistung abrufen können, brauchen sie drei Dinge: Fitness, Motivation und DIESEN Kuchen! Bei dieser sportlichen Motivtorte dient ein Blechkuchen als Grundlage, der von Hand modelliert wird.

1 Ein Blechkuchen (aus der doppelten Menge des Rührteigrezepts, s. S. 14) und Buttercreme bilden die Basis für diese Torte.

2 Den abgekühlten Kuchen in zwei schmalere und einen etwas breiteren Teil schneiden. Einen schmalen und den breiten Kuchenstreifen mit einer dünnen Schicht Buttercreme bestreichen.

3 Den mit Buttercreme bestrichenen schmalen Streifen als Grundlage benutzen, den breiteren Boden mit der Buttercreme nach oben mittig daraufsetzen. Zuletzt den zweiten schmalen Streifen darauflegen.

4 Den Kuchen mit einem scharfen Messer vorn und hinten etwas zuspitzen, sodass er seine grobe Grundform erhält.

5 Um die Form zu optimieren, die Ecken mit kleinen Schnitten abtragen, bis eine Rundung statt der Kanten entsteht. Hierfür sollte man sich unbedingt ausreichend Zeit nehmen und wirklich Schritt für Schritt vorgehen, da einmal zu viel entfernte Bereiche schwer zu reparieren sind.

6 Überschüssige Brösel entfernen und den fertig zugeschnittenen Kuchen dick mit Buttercreme einstreichen. Dabei mit sanftem Druck alle Vertiefungen ausfüllen.

7 Die Creme mithilfe einer Palette mit gleichmäßigen Zügen von vorn nach hinten in Form bringen, sodass die Oberfläche sehr gleichmäßig und glatt wird.

8 Den Kuchen für mindestens 30 Minuten, besser 1–2 Stunden in den Kühlschrank stellen, damit die Creme etwas fester wird. In der Zwischenzeit 1,5 kg Fondant braun einfärben und auf die benötigte Größe ausrollen. Den Fondant auf den Kuchen legen und mit den Händen von oben nach unten abstreifen.

9 Schlägt der Fondant Falten, diese Stellen noch mal vorsichtig auseinanderziehen und erneut abstreifen, bis er glatt und gleichmäßig auf dem Kuchen liegt. Die überschüssige Masse unten abschneiden und mit den Handballen die Oberfläche des Kuchens so lange bearbeiten, bis sie perfekt gleichmäßig und glatt ist.

10 Mit einem Nahtroller oben und an den beiden Seiten von einem spitz zulaufenden Ende zum anderen die Nähte des Footballs einprägen. Dabei so fest drücken, dass eine leichte Vertiefung – wie bei einem echten Football – entsteht.

11 150 g weißen Fondant ausrollen und wie auf dem Bild zuschneiden. Dann zuerst den langen, etwas breiteren Streifen mit etwas Fondantkleber aufkleben und anschließend quer darüber die kleinen Streifen. Die Naht vorsichtig mit dem Nahtroller nachziehen, um eine authentische Optik zu erzeugen. Zuletzt den restlichen weißen Fondant ausrollen, zwei lange breite Streifen ausschneiden und diese rund um die Spitzen kleben.

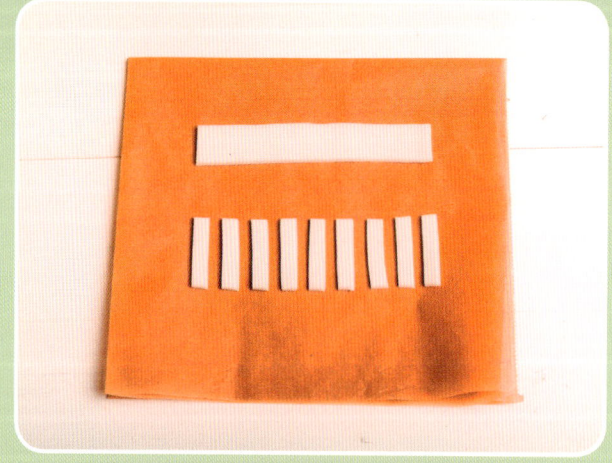

Tipp: Um der Oberfläche des Fondants etwas Struktur zu geben, kann man mit der rauen Seite eines unbenutzten Küchenschwamms vorsichtig über den Fondant tupfen. Dies erzeugt eine Art Lederoptik. Dieselbe Technik kann man anwenden, wenn man den Kuchen auf einem mit grünem Fondant überzogenen Cakeboard platzieren möchte. Das Cakeboard kann mit Zahlen, Namen etc. individualisiert werden.

Büchertorte

ZUTATEN:

- 1 Blechkuchen
- 1,5 kg Ganache
- 1,5 kg Rollfondant
- 500 g Modelliermarzipan
- 100 g Blütenpaste
- braune Lebensmittel-farbpaste
- blaue Lebensmittel-farbpaste
- rote Lebensmittel-farbpaste

Bücher beinhalten Wissen, Geschichten, Bilder und viele andere schöne Dinge – warum also nicht einfach mal was Süßes hineinpacken, statt viele Seite voller Papier? Diese Büchertorte ist einfacher zu gestalten, als es aussieht, und lässt sich individuell für jede Gelegenheit beschriften. Ein Klassiker unter den modernen Motivtorten!

❶ Aus dem Blechkuchen (aus der doppelten Menge des Rührteigrezepts, s. S. 14) zwei rechteckige Stücke von je 15 x 20 cm Größe schneiden.

❷ Beide Kuchen mit der Ganache einstreichen und gegebenenfalls Unebenheiten und schiefe Kanten ausgleichen.

❸ Einen der Kuchen auf eine Arbeitsunterlage, am besten einen Drehteller, stellen. Das Marzipan mit ganz wenig Lebensmittelfarbe hellbraun einfärben.

❹ Aus der Hälfte des gefärbten Marzipans einen Streifen ausrollen, der so lang ist, dass er um die gesamte Seitenränder der Torte gelegt werden kann. Den Streifen auf einen Ausrollstab aufrollen und rund um den Kuchen aufbringen. Die Ränder mit einem Fondantglätter glätten und mit einem scharfen Messer das oben überstehende Marzipan abschneiden.

❺ Mit einer Palette oder einem Lineal in gleichmäßigen Abständen Vertiefungen über die gesamte Länge der Quer- und Längsseiten einkerben, um einen Buchseiten-Look zu erhalten.

❻ Für den Umschlag des ersten Buches 750 g Fondant blau einfärben. Ca. 300 g davon ausrollen, den Kuchen abmessen und aus dem Fondant ein Viereck ausschneiden, das je 1 cm mehr Kantenlänge als der Kuchen selbst hat.

❼ Den Kuchen so auf den Fondant stellen, dass er an einer der Längsseiten bündig abschließt, an den anderen drei Seiten jedoch etwas nach innen versetzt ist.

❽ Aus dem restlichen blauen Fondant eine weitere Platte ausrollen und diese zurechtschneiden. Die benötigte Größe (Höhe x Breite) errechnet sich wie folgt: kurze Seite + Höhe x lange Seite. Außerdem gibt man wieder je 1 cm dazu, damit der Umschlag etwas übersteht. (Für einen Kuchen der oben angegebenen Größe von 5 cm x 20 cm x 5 cm benötigt man also eine Platte mit den Maßen 21 cm x 21 cm.) Die Platte so auf den Kuchen legen, dass die Oberseite komplett eingedeckt ist, die Platte rundherum etwas übersteht und hinten mit der bereits vorhandenen Unterseite des Buches schließt.

1

2

3

4

5

6

7

8

9 Zu den Resten des blauen Fondants etwas weißen Fondant kneten, damit die Farbe heller wird. Ein Viereck daraus formen, das später nach Wunsch beschriftet werden kann; mit dem Nahttool rundherum eine Naht einprägen.

10 Die Blütenpaste ausrollen und leicht antrocknen lassen. Dann mit Ausstechern Buchstaben für die Beschriftung der beiden Bücher ausstechen und gut durchtrocknen lassen, damit sie sich beim Aufkleben nicht verformen. Die getrockneten Buchstaben mit etwas Fondantkleber auf das dafür vorgesehene Viereck des blauen Buches kleben.

11 Den Buchrücken beschriften wie im vorherigen Schritt beschrieben; dann ist das erste der beiden Bücher fertig.

12 Für das zweite Buch die vorherigen Arbeitsschritte wiederholen, allerdings wird bei diesem die Oberseite nicht beschriftet. Die Torte ohne Schriftzug auf ein Cakeboard legen und die zweite Torte etwas schräg daraufstellen.

Tipp: Vor dem Aufkleben der Buchstaben unbedingt prüfen, ob der gewählte Schriftzug auch genügend Platz auf der Torte hat und wie gewünscht angebracht werden kann. Nachträgliches Verschieben ist meist schwierig und hinterlässt unschöne Flecken auf dem Fondant.

33

Anglertorte

ZUTATEN:

- 1 runder Kuchen (20 cm ø)
- 1 kg Buttercreme oder Ganache
- 1 kg Rollfondant
- 100 g Blütenpaste
- 500 g Modelliermarzipan
- blaue Lebensmittelfarbpaste
- hellgrüne Lebensmittelfarbpaste
- dunkelgrüne Lebensmittelfarbpaste
- braune Lebensmittelfarbpaste
- rote Lebensmittelfarbpaste
- schwarze Lebensmittelfarbpaste
- gelbe Lebensmittelfarbpaste
- schwarzer Lebensmittelfarbstift
- farbloser Alkohol

Fischen soll ja zu den beruhigendsten Hobbys überhaupt gehören. Wem es nicht liegt, stundenlang ruhig an einem See zu sitzen, der kann alternativ beim Gestalten dieser Torten entspannen und dabei trotzdem eine Angel in der Hand halten. Dieses kleine Kunstwerk ist schnell zu machen und lässt jede Menge kreativen Freiraum, um jedes Mal aufs Neue ein individuelles Meisterwerk zu schaffen. Außerdem lernt man hierbei, wie man Fondanttorten von Hand bemalt.

❶ Den Kuchen mit der Buttercreme oder Ganache überziehen (s. S. 19–21). Den Rollfondant blau einfärben und die Torte damit eindecken (s. S. 22/23). Die Oberfläche mit Fondantglättern sehr sorgfältig glätten. Das Cakeboard nach Belieben dekorieren, z. B. mithilfe einer Holzprägematte.

❷ Die Blütenpaste braun einfärben, mit einer Prägematte ein Holzmuster aufbringen und ein ca. 10 x 7 cm großes Rechteck als Steg daraus ausschneiden. Möglichst über Nacht trocknen lassen.

❸ Etwas farblosen Alkohol mit hellgrüner und dunkelgrüner Lebensmittelfarbe einfärben und einen kleinen Pinsel bereitlegen.

❹ Mit dem Pinsel Linien in beiden Grüntönen als Seegras auf die Seitenränder der Torte malen. Die Seegras-Bemalung kann ruhig etwas ungleichmäßig sein.

❺ 200 g Marzipan braun einfärben und aus etwa der Hälfte davon fünf Pfeiler für den Steg formen. Die Pfeiler auf der Torte platzieren und den durchgetrockneten Steg daraufsetzen. Wichtig ist dabei, auch einen Pfeiler in der Mitte zu platzieren, damit der Steg nicht durchhängt.

❻ Aus ca. 50 g des übrigen braunen Marzipans einen kleinen Rucksack formen. Hierzu einfach eine Kugel rollen, diese etwas flacher drücken, zwei Riemen formen und andrücken und mit dem Nahttool eine Naht andeuten. Auf den Steg stellen und mit etwas Fondantkleber fixieren. Für die Schilfblätter ca. 100 g des Marzipans grün einfärben und zu spitz zulaufenden Kegeln formen. Je zwei Zahnstocher wie auf dem Bild in ca. 3 cm Abstand in die Torte stecken und die Kegel daraufsetzen.

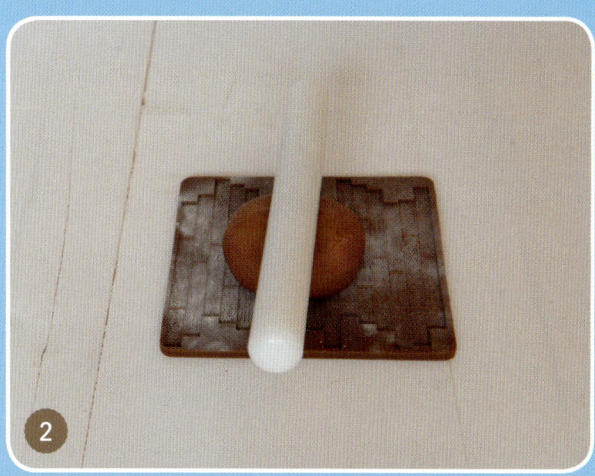

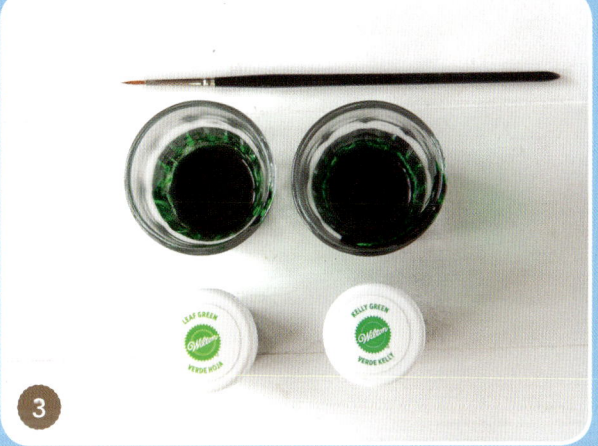

35

7 In die Mitte der grünen Schilfblätter einen weiteren Zahnstocher stecken (nach Belieben mit brauner Lebensmittelfarbe bemalt) und diesen mit einer länglichen Spitze aus dem braun gefärbten Marzipan versehen. Alles dreimal wiederholen – oder öfter, wenn man mehr Schilf auf seiner Torte haben will.

8 50 g Marzipan rot einfärben und daraus einen Hummer herstellen. Dazu zunächst einen spitz zulaufenden Kegel formen und ein Ende mit dem Finger etwas platt drücken. Für die Scheren zwei kleine Kugeln formen, diese etwas flacher drücken, in der Mitte mit einem Messer einschneiden und rechts und links neben dem Kopf anbringen. Zwei kleine Kugeln aus weißem Fondant als Augen rollen und mit etwas Kleber am Kopf befestigen, dann mit einem schwarzen Lebensmittelfarbstift Pupillen aufmalen. Mit dem Smile Tool einen Mund formen und zuletzt aus etwas Marzipan vier kleine Stränge als Beine rollen und vorsichtig an den Körper drücken. Den Hummer auf die Torte setzen. Aus dem restlichen braunen Marzipan eine Angel ausrollen und diese auf dem Steg platzieren.

9 Ca. 100 g Marzipan schwarz einfärben und daraus mithilfe einer Fondantpresse eine lange Angelschnur pressen. Diese so auf der Torte platzieren, dass es aussieht, als würde der Hummer sie mit einer Schere durchtrennen. Zuletzt noch etwas Marzipan gelb einfärben, einen kleinen Kegel als Köder daraus formen und am Ende der Angelschnur anbringen.

Golftorte

ZUTATEN:
- 1 runder Kuchen (20 cm ø)
- 1 kg Buttercreme oder Ganache
- 1,9 kg Rollfondant
- braune Lebensmittelfarbpaste
- hellgrüne Lebensmittelfarbpaste
- 100 g Vollkornkekse

Für die einen ist Golf der spannendste Sport der Welt, für die anderen der langweiligste. Ob Golf nun wirklich alles von den Spielern fordert oder nicht, können wir hier nicht entscheiden. Unbestritten ist jedoch, dass selbst der hartgesottenste Golfgegner seine Abneigung vergessen wird, wenn dieses kleine Kunstwerk vor ihm steht. Eine Motivtorte für Golfspieler und solche, die durch sie dazu werden …

1 Den Kuchen mit der Buttercreme oder Ganache überziehen (s. S. 19–21). 1 kg Fondant braun einfärben und die Torte damit eindecken (s. S. 22/23). Die Oberfläche mit Fondantglättern sehr sorgfältig glätten.

2 Mit einer Prägematte ein Holzmuster auf den gesamten Rand der Torte prägen.

3 800 g Fondant grün einfärben und 300 g davon zu einem Kreis ausrollen, der einige Zentimeter größer ist als die Oberfläche der Torte. Mit einem Messer den Rand des Fondants ungleichmäßig wellenförmig zuschneiden, die Oberseite des Kuchens dünn mit Fondantkleber einstreichen und die Fondantplatte auf die Torte legen.

4 Den grünen Fondant mit einem Fondantglätter leicht an den Kuchen drücken und gut glätten.

5 Einen ca. 10 cm langen Strang aus 100 g grünem Fondant formen und in eine Ecke eines quadratischen Cakeboards legen.

6 250 g grünen Fondant ausrollen und das gesamte Cakeboard inklusive des Fondantstranges damit eindecken.

7 150 g grünen Fondant ausrollen und daraus eine ca. 10 cm lange, ungleichmäßige Acht ausschneiden.

8 Die Torte so auf das Cakeboard stellen, dass sie an die Erhöhung durch den Strang angrenzt. Die grüne achtförmige Platte aus Fondant in die Mitte der Tortenoberfläche legen und mit einem Messer an den Biegungen kleine Linien einkerben, um der grünen Ebene Struktur zu verleihen.

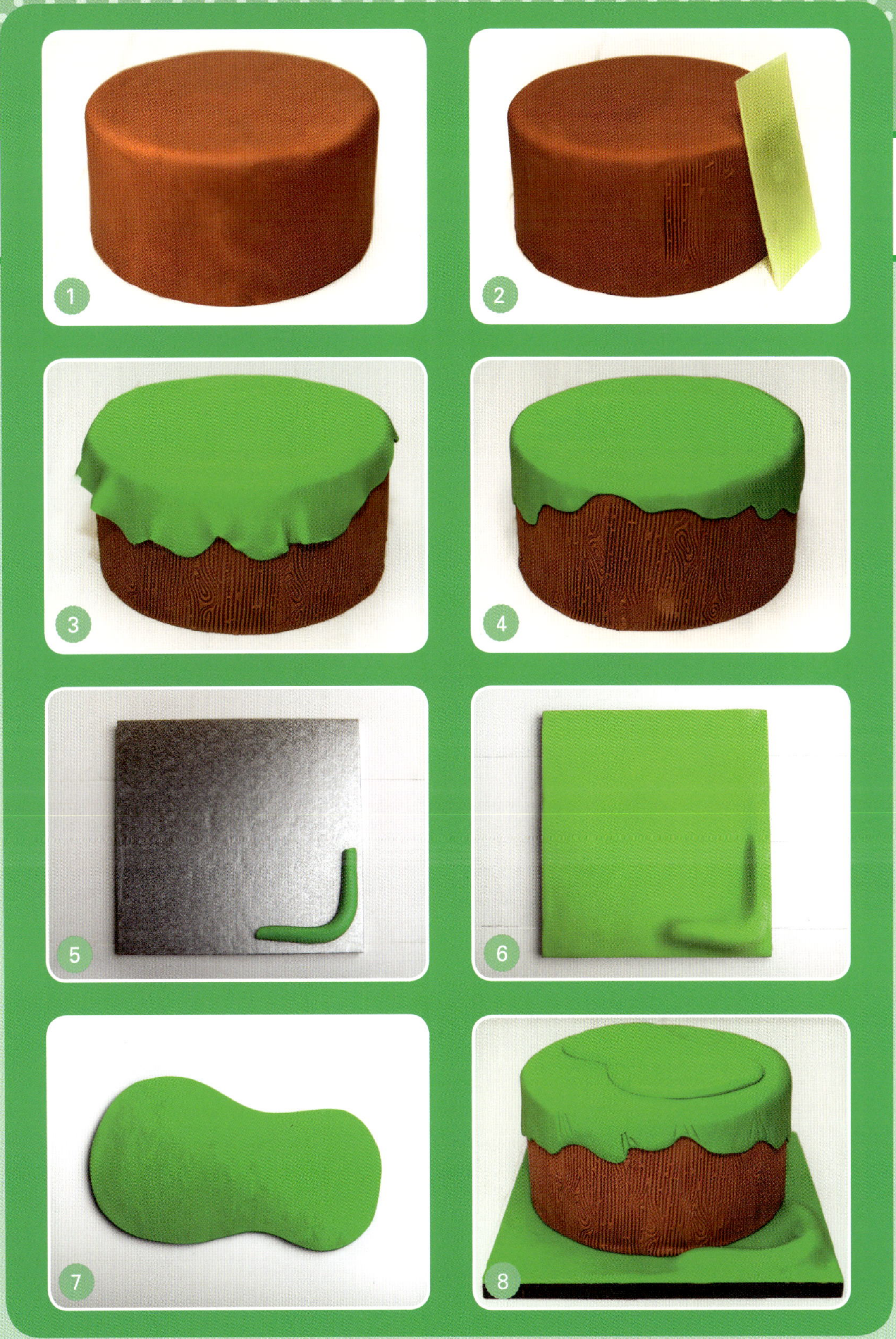

9 Mit einem kleinen runden Keksausstecher ein Loch aus der aufgelegten Platte stechen und den Fondant innerhalb des Kreises herausnehmen.

10 Für die dekorativen Grasbüschel den restlichen grünen Fondant ausrollen und mit einem Ausstecher einige Blüten ausstechen. Den Blütenblättern mit einem Zahnstocher etwas Struktur verleihen und sie dann in der Mitte, mit den Einkerbungen nach außen, zusammenfalten.

11 Das Gras mit etwas Fondantkleber auf bzw. an die Torte kleben. Die Vollkornkekse fein zerbröseln und die Brösel in das Loch an der Oberseite sowie in die Vertiefung auf dem Cakeboard füllen. Einen Golfball aus 100 g Fondant – oder einen echten – auf der Torte platzieren und zuletzt einen Cakepop-Stick mit einem nach Wunsch beschrifteten Fähnchen aus Papier in den „Sand" des Golflochs stecken.

Skifahrertorte

Sport ist Mord? Kann schon sein. Im Zweifel hält man sich lieber an dieses süße Kunstwerk und befreit den armen verunfallten Skifahrer – indem man sich durch die leckere Torte isst!

❶ Zwei Kuchen backen und auskühlen lassen. Einen der Kuchen mit einem scharfen Messer schräg abschneiden. Dazu vom höchsten Punkt der einen zum niedrigsten Punkt der anderen Seite schneiden.

❷ Den abgeschrägten auf den unbearbeiteten Kuchen geben und eventuelle Unterschiede oder hervorstehende Kanten mit einem scharfen Messer ausgleichen.

❸ Die ganze Torte mit der Ganache einstreichen, sodass eine glatte Oberfläche entsteht (s. S. 19–21). Anschließend mindestens 1–2 Stunden kühl stellen.

❹ Die Torte mit dem Fondant eindecken (s. S. 22/23) und mit Fondantglättern sorgfältig glätten. Auf der Oberseite mit einem Balltool zwei parallele geschwungene Vertiefungen für die Spuren des Skifahrers einkerben.

❺ Für die Ski die Blütenpaste grün einfärben, ausrollen und daraus zwei lange Streifen schneiden. An einer Seite zuspitzen und gut durchtrocknen lassen. Für die Schuhe 50 g Marzipan grün einfärben, zu einem ca. 4 cm langen Strang formen, diesen abknicken und zu einem Schuh modellieren. Mit einem spitzen Gegenstand Schuhlöcher

andeuten und mit dem Nahttool Nähte ziehen. Für die Beine ca. 100 g Marzipan blau einfärben und zu zwei langen dickeren Strängen formen.

❻ Zwei Cakepop-Sticks so durch die Beine stecken, dass sie mindestens 3–4 cm über die Beine hinausragen und man sie später in den Kuchen stecken kann. Die Schuhe an den Beinen festkleben und mit einem scharfen Messer kleine Schnitte als Kniekehlen einkerben, um den Beinen einen realistischeren Look zu verleihen.

❼ Für die Eiweißspritzglasur das Eiweiß mit 3–4 Tropfen Wasser aufschlagen und nach und nach den Puderzucker dazugeben. Alles 10 Minuten vermixen. Dann die Glasur in einen Spritzbehälter füllen und für Schneehügel einige kleine Kugeln übereinanderspritzen.

❽ Die noch feuchten Schneehaufen sofort mit Puderzucker bestäuben und trocknen lassen. Auf diese Weise beliebig viele und große Schneehügel herstellen, die später als Dekoration auf der Torte platziert werden, aber nicht die ganze Eiweißspritzglasur aufbrauchen, man benötigt sie später noch.

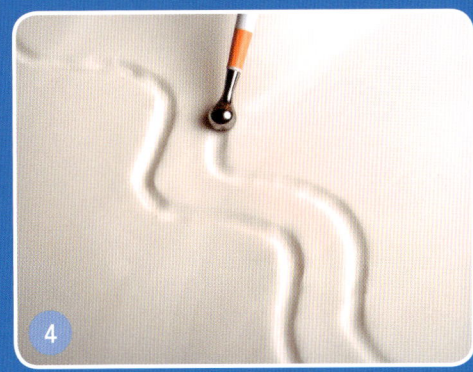

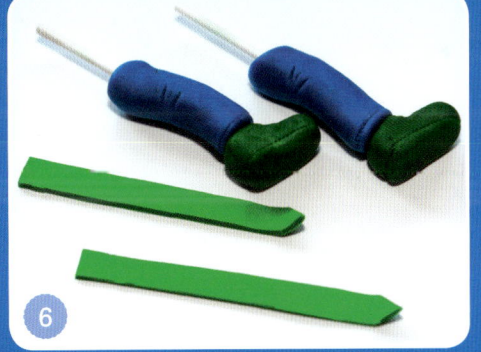

9

10

11

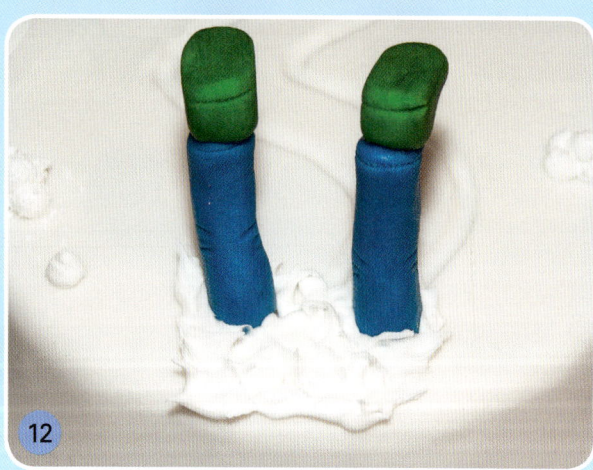

12

9 150 g Marzipan grün einfärben und in drei unterschiedlich große Portionen teilen. Aus zwei Portionen Kegel formen und aus einer eine Kugel.

10 Mit einer sauberen kleinen Schere an der Spitze beginnend ca. 3 mm tiefe Schnitte in die Kegel schneiden.

11 Die Schnitte spiralförmig von ganz oben bis nach unten vornehmen, bis die Bäume eine durchgängige Struktur haben. Bei der Marzipankugel, die als Busch dient, ebenso vorgehen. Für die Zielflagge ein rotes Blatt Papier an zwei Cakepop-Sticks kleben.

12 Die Torte zusammensetzen: Die Beine relativ weit am Rand in die Oberfläche stecken, rundherum einen Schneehaufen aus Eiweißspritzglasur aufbringen und mit einer kleinen Palette eine grobe Struktur andeuten. Die Schneehäufchen und die Bäume auf der Torte verteilen und die Zielflagge hineinstecken. Dann mit der restlichen Eiweißspritzglasur eine Bordüre aus Schnee am unteren Rand der Torte aufbringen. Zuletzt einen Ski aus Blütenpaste auf den Fuß des Skifahrers kleben und den zweiten schräg an die Torte lehnen.

Fußballtorte

Wenn 22 Spielerinnen oder Spieler 90 Minuten lang versuchen, einen Ball nach sämtlichen Regeln der Kunst ins gegnerische Tor zu befördern, ist eines klar: Nach dem Spiel haben alle Hunger. Und was könnte besser helfen, den Blutzuckerspiegel wieder auf ein normales Level zu bringen, als eine Fußballtorte zum Naschen?

❶ Zwei Kuchen in einer halbrunden Metallschüssel backen. Diese sollten aufeinandergestapelt eine Kugel ergeben; gegebenenfalls an der ebenen Seite etwas kürzen.

❷ Von der unteren Kuchenhälfte ein Stück abschneiden, damit der „Ball" besser auf dem Cakeboard steht. Die Oberseite des Kuchens mit etwas Buttercreme bestreichen.

③ Die zweite Kuchenhälfte daraufgeben und eventuell überstehende Ecken an der Schnittstelle mit einem scharfen Messer entfernen.

④ Den Kuchen mit einer dünnen Schicht Buttercreme oder Ganache einstreichen. Dabei Unebenheiten, besonders am Übergang zwischen den beiden Kuchen, so gut wie möglich ausgleichen.

⑤ Vor dem Eindecken mit Fondant nochmals mit einer Palette für eine ganz glatte Oberfläche sorgen und die Torte anschließend ca. 30 Minuten kühl stellen.

⑥ 1 kg weißen Fondant ausrollen und vorsichtig auf die Torte legen. Vorher unbedingt sicherstellen, dass die Größe der Fondantplatte ausreicht, um den gesamten Kuchen zu bedecken.

7 Den Fondant über die Kugel breiten, dabei die Platte an der Unterseite immer wieder leicht auseinanderziehen, mit den Händen von oben nach unten streichen und den Fondant an die Torte drücken. Den überschüssigen Fondant mit einem scharfen Messer abschneiden.

8 100 g Fondant hellgrün einfärben und damit eine Tortenplatte überziehen. Den Ball daraufstellen und alle Unebenheiten, die eventuell durch das Umlagern entstanden sind, mit einem Fondantglätter oder den Handballen sorgfältig glätten.

9 Etwa ein Drittel des übrigen Fondants schwarz einfärben, ausrollen und ca. 6–7 identische Sechsecke zuschneiden. Den restlichen weißen Fondant ausrollen und ebenfalls Sechsecke ausschneiden. Für das Muster zunächst am obersten Punkt des Balles ein schwarzes Sechseck aufkleben. Dann an jede Kante des schwarzen ein weißes Sechseck kleben und anschließend im Kreis herum immer ein weißes und ein schwarzes Sechseck. Fondant, der an der Unterseite der Torte zu viel ist, mit einem scharfen Messer abschneiden.

Tipp: Man muss beim Aufkleben der Sechsecke sehr exakt arbeiten, sonst funktioniert das Muster nicht. Damit die Sechsecke wirklich identisch sind, am besten vorher eine Schablone aus Karton zuschneiden oder idealerweise einen sechseckigen Keksausstecher verwenden. Die Größe der Sechsecke kann nach Gefühl gewählt werden, größere Teile sind aber einfacher und schneller zu verkleben.

Moustachetorte

Bart ist modern, daran besteht kein Zweifel. Ein gepflegter Bart ist das Markenzeichen echter Kerle, und das gilt nicht nur für Vollbärte. Auch der klassische Moustache ist wieder salonfähig, sowohl bei Männern als auch bei Torten. Gut, dass diese Moustache-torte richtig schnell gemacht ist und definitiv bei beiden Geschlechtern Eindruck schinden wird.

① Den Kuchen mit der Buttercreme oder Ganache überziehen (s. S. 19–21). Den Fondant mit grauer und blauer Lebensmittelfarbpaste so einfärben, dass sich ein grauer Farbton mit deutlichem Blaustich ergibt, und die Torte damit eindecken (s. S. 22/23). Die Oberfläche mit Fondantglättern sehr sorgfältig glätten und möglichst scharfe Kanten herausarbeiten.

2 Mit einem Lineal oder einer Palette je zwei parallele Vertiefungen mit 5 mm Abstand in den Seitenrand der Torte drücken. In der Mitte zwischen den Doppellinien ca. 4 cm Platz lassen.

3 150 g Blütenpaste schwarz einfärben, ausrollen und zunächst 4–6 runde Kreise von ca. 3 cm ø ausstechen. Mit einem etwas kleineren Ausstecher einen Rand einkerben und in die Mitte mit dem Pick Tool je zwei Vertiefungen als Knopflöcher drücken. Die restliche schwarze Blütenpaste nochmals kneten, ausrollen und mit einem scharfen Messer zwei spitz zulaufende Bart-stücke ausschneiden. Mit dem Messer Linien einritzen, die die Kontur des Bartes verstärken. Anschließend alles über Nacht durchtrocknen lassen.

4 Aus etwas weißer Blütenpaste 6–10 kleine Kugeln formen und diese flach drücken. Die restliche Blüten-paste rot einfärben, ausrollen und daraus eine Fliege ausschneiden. Die Punkte mit Fondantkleber darauf fixieren und einen der schwarzen Fondantknöpfe in der Mitte anbringen. Zuletzt die Knöpfe, die Fliege und den Bart auf die Torte kleben.

Tipp: Um zwei exakt gleiche Bartteile zu haben, bastelt man am besten eine Schablone. Dazu druckt man eine entsprechende Vorlage aus, z. B. aus dem Internet, schneidet sie aus und legt sie vor dem Zuschneiden auf die Blütenpaste. Den Bart kann man mit einem kleinen Keil aus Blütenpaste in Position halten; ist er erst einmal getrocknet, hält er auch ohne Stütze problemlos. Falls Sie keine hohe

Backform haben, backen Sie einfach zwei Kuchen und kleben Sie diese
mit Buttercreme oder Ganache aufeinander. Die Fondantmenge muss
dann gegebenenfalls entsprechend angepasst werden.

Frühlings-blumentorte

Blumen machen das Leben schöner und bereichern unseren Alltag. Warum also nicht mal eine Torte mit Hunderten von bunten Blüten eindecken – ob zur Einstimmung auf den Frühling, um unseren Liebsten eine Freude zu machen oder um sich einfach nur an der Farbvielfalt zu erfreuen!

ZUTATEN:

- 1 runder Kuchen (20 cm ø)
- 1 kg Buttercreme oder Ganache
- 2,5 kg Rollfondant
- hellgrüne Lebensmittelfarbpaste
- dunkelgrüne Lebensmittelfarbpaste
- rote Lebensmittelfarbpaste
- blaue Lebensmittelfarbpaste
- gelbe Lebensmittelfarbpaste
- lilafarbene Lebensmittelfarbpaste
- 1 Eiweiß
- 250 g Puderzucker, gesiebt

① Den Kuchen mit der Buttercreme oder Ganache überziehen (s. S. 19–21)) und mit 1 kg weißem Fondant eindecken (s. S. 22/23). Die Oberfläche mit Fondantglättern sehr sorgfältig glätten.

② Je 500 g Fondant hellgrün und dunkelgrün einfärben. Daraus Kugeln von ca. 3 cm ø formen und diese zu Strängen rollen, die etwas länger sind als der Kuchen hoch ist. Abwechselnd hell- und dunkelgrüne Stränge auf einer Arbeitsfläche nebeneinanderlegen.

③ Die grünen Fondantstreifen mit etwas Fondantkleber an die Torte kleben und mit einem Fondantglätter fest an die Torte drücken. So ergibt sich ein unregelmäßiges, lebendig wirkendes Streifenmuster.

④ Den übrigen hell- und dunkelgrünen Fondant miteinander verkneten und daraus eine zur Mitte hin höher werdende Platte formen. Diese muss nicht komplett gleichmäßig sein, da sie später ohnehin vollständig von Blumen bedeckt sein wird.

5 Ca. 100 g Fondant weiß lassen, den Rest in etwa gleich große Stücke teilen und diese rot, blau, gelb und lila (oder in anderen Farben nach Wunsch) einfärben. Die Fondantportionen einzeln ausrollen und mit Blütenausstechern Blumen ausstechen, idealerweise in unterschiedlichen Größen. Die Blüten zum Trocknen vorsichtig in Teelöffel drücken, sodass eine leichte Wölbung entsteht.

6 Für die Eiweißspritzglasur das Eiweiß mit 3–4 Tropfen Wasser aufschlagen und nach und nach den Puderzucker dazugeben. Alles 10 Minuten vermischen und zum Schluss etwas gelbe Lebensmittelfarbe unterrühren. Die Glasur in einen Spritzbehälter füllen.

7 Mithilfe des Spritzbehälters in die Mitte jeder Fondantblüte einen kleinen Tropfen Eiweißglasur spritzen. Alles gut trocknen lassen.

8 Die fertigen Blüten mit der restlichen Eiweißspritzglasur willkürlich auf der gesamten Oberseite der Torte festkleben. Sie sollen einander überlappen und die Oberfläche vollständig bedecken.

High-Heel-Torte

Ein Traum in Rosa und Pink mit Perlenverzierung und High Heel – diese Torte hat einfach alles, was das Frauenherz begehrt!

ZUTATEN:

- 1 runder Kuchen (20 cm ø)
- 1 kg Buttercreme oder Ganache
- 1,6 kg Rollfondant
- 400 g Blütenpaste
- rosafarbene Lebensmittelfarbpaste
- schwarze Lebensmittelfarbpaste
- pinkfarbene Lebensmittelfarbpaste

❶ Den Kuchen mit der Buttercreme oder Ganache überziehen (s. S. 19–21). 1 kg Fondant rosa einfärben und die Torte damit eindecken (s. S. 22/23). Die Oberfläche mit Fondantglättern sehr sorgfältig glätten und eine möglichst scharfe Kante herausarbeiten.

❷ 250 g Fondant schwarz einfärben. Einen Streifen Wachspapier so zuschneiden, dass er die ganze Torte auf mindestens zwei Drittel der Höhe umschließt. Mit etwas Pflanzenfett bestreichen und den schwarzen Fondant direkt darauf ausrollen. Mit einem Lineal und einem scharfen Messer die Kanten gerade abschneiden.

❸ Den Streifen dünn mit Fondantkleber bestreichen, vorsichtig unten an die Torte kleben und mit einem Fondantglätter festdrücken. Einige Minuten antrocknen lassen, dann das Wachspapier abziehen.

❹ 250 g Fondant pink einfärben, ausrollen und mit einem runden Keksausstecher Kreise ausstechen. Falls nötig, mit einem flachen Gegenstand die Kontur der Kreise nachbessern.

❺ Die Hälfte der Kreise mit einem scharfen Messer in der Mitte teilen. Halbkreise und Kreise etwas antrocknen lassen, damit sie sich beim Ankleben nicht verformen.

❻ Kreise und Halbkreise mit etwas Fondantkleber versehen und auf dem schwarzen Fondantstreifen fixieren.

7 Aus dem restlichen Fondant kleine weiße Kügelchen formen und diese mit etwas Fondantkleber an den oberen Rand des schwarzen Streifens kleben.

8 Einen High Heel zeichnen oder eine Vorlage aus dem Internet ausdrucken und ausschneiden. Die Blütenpaste schwarz einfärben und ca. 5 mm dick ausrollen. Die High-Heel-Schablone darauflegen und entlang der Kontur mit einem sehr scharfen Messer oder einer Rasierklinge den Schuh sauber ausschneiden. Die Ränder sorgfältig mit dem Finger bzw. einem flachen Gegenstand nachbearbeiten und glätten.

9 Den High Heel an der Unterseite mit einem Lineal so abschneiden, dass eine gerade Kante entsteht; diese dient später als Auflagefläche. Die Reste der schwarzen Blütenpaste verkneten, erneut ausrollen und einen Kreis ausstechen, der groß genug als Unterlage für den Schuh ist. Kreis und High Heel mindestens 24 Stunden aushärten lassen. Dann die flache Unterseite des Schuhs mit Fondantkleber bestreichen, auf den schwarzen Kreis stellen und die Konstruktion in der Mitte der Tortenoberfläche platzieren.

Tipps: Den High Heel unmittelbar nach dem Aufbringen am besten mit zwei Gegenständen stabilisieren. Ist der Kleber erst mal getrocknet, hält er auch so. Soll die Torte allerdings transportiert werden, empfiehlt sich das Anbringen einer kleinen Stütze aus schwarzer Blütenpaste an der Hinterseite des Schuhs.

Am besten den Schuh und den Kreis einige Tage vor der Torte herstellen. So kann die Blütenpaste vollständig durchtrocknen und ist zum Zeitpunkt der Verwendung sehr hart und stabil.

Handtaschentorte

Frauenhandtaschen – unbestritten elegant, feminin, meist perfekt auf das Outfit der Frau abgestimmt … und gefüllt mit Dingen, die Männer niemals verstehen können. Zumindest Letzteres kann man ändern! In dieser Handtasche steckt nämlich nichts anderes als ein leckerer Kuchen, der Männer und Frauen gleichermaßen glücklich machen dürfte.

❶ Von dem Kuchen mit einem scharfen Messer etwa ein Viertel abschneiden.

❷ Den Kuchen aufrecht hinstellen und oben links und rechts zwei flache Stücke schräg abschneiden, um die Grundform der Handtasche zu erhalten.

❸ Den Kuchen mit der Buttercreme oder Ganache überziehen (s. S. 19–21). Den Rollfondant ausrollen und die Torte damit eindecken (s. S. 22/23). Alle Seiten mit dem Fondantglätter sehr sorgfältig glätten.

❹ Mit einem Lineal oder einer Palette in gleichmäßigen Abständen Vertiefungen in die seitlichen Oberflächen der Torte drücken, dann quer dazu nochmals Linien im selben Abstand, sodass sich ein Karomuster ergibt.

❺ An allen Schnittpunkten der Linien mit einem Kreuz-Prägewerkzeug Vertiefungen eindrücken. Sie geben der Handtasche einen Lederlook. Später werden in die Vertiefungen Zuckerperlen gesetzt.

❻ Den Modellierfondant pink einfärben. Aus 100 g einen ca. 20 cm langen, 1 cm dicken Strang rollen. Dieser stellt die Öffnung der Handtasche dar und sollte dementsprechend etwa ein Drittel der oberen Tortenrundung bedecken.

7 Mit einer Palette oder einem Lineal über die gesamte Länge des Strangs eine Vertiefung drücken, die ihn in zwei Hälften teilt. Ein kleines Stück Modellierfondant ausrollen, zu einem Rechteck schneiden und dann die Ecken abschrägen.

8 Die Unterseite des Strangs für die Öffnung dünn mit Fondantkleber bestreichen und oben auf die Torte setzen. Das Plättchen als Verschluss mittig daraufkleben.

9 Aus 250 g Modellierfondant mit einer Fondantpresse zwei ca. 3 mm dicke Stränge formen, die lang genug sind, um jeweils den gesamten Rand der Handtasche zu bedecken. Die Ränder der Handtasche dünn mit Fondantkleber bestreichen und die Stränge festkleben. Hierbei nicht zu viel Druck ausüben, damit die runde Form der Torte nicht beschädigt wird.

10 Aus je ca. 250 g Modellierfondant zwei ca. 25–30 cm lange und 2 cm dicke Stränge formen. Diese jeweils zu einem engen Halbkreis legen und unbedingt ausprobieren, ob die Rundung ausreicht, um die Henkel an die Tasche zu kleben. Die Henkel an den Enden flach drücken, damit sich mehr Auflagefläche ergibt, und für ausreichend Stabilität über Nacht trocknen lassen.

11 Die Henkel mit Fondantkleber ankleben und mit zwei Stecknadeln fixieren, bis der Kleber getrocknet ist. Dies kann bis zu einer Stunde dauern. Dann die Stecknadeln entfernen. Den Rest Modellierfondant ausrollen, vier Vierecke ausschneiden und diese an den Ecken leicht abschrägen.

12 Die Vierecke über die unteren Enden der Henkel kleben und mit dem Nahttool rundherum Nähte einprägen. Zuletzt mit etwas Fondantkleber in jede Vertiefung im Muster der Tasche eine Zuckerperle kleben.

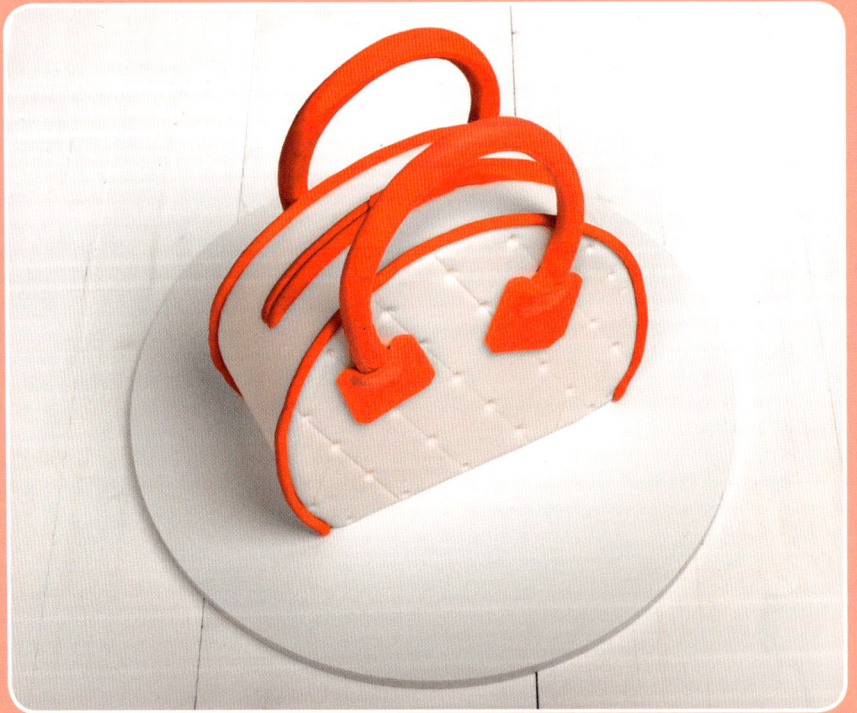

Tipp: Wer Zeit und Lust hat, kann zusätzlich die Henkel der Tasche verzieren oder mit dem Nahttool realistischer gestalten.

Tangotorte

ZUTATEN:

- 1 runder Kuchen (20 cm ø)
- 1 kg Buttercreme oder Ganache
- 1 kg Rollfondant
- 200 g Modellierfondant
- 250 g Blütenpaste
- rote Lebensmittelfarbpaste
- schwarze Lebensmittelfarbpaste
- schwarzer Lebensmittelfarbstift
- ca. 1 m schwarze Stoffspitze

Tango steht für Leidenschaft, Musik und Tanz, Ausdruck, Kraft und Impulsivität. Diese Torte soll all dies in sich vereinen. Ein knalliges Rot, zarte Spitze für die Leidenschaft, eine schwarze Rose als Ausdruck der Kraft und ein süßer Pandabär als Vermittler.

❶ Den Kuchen mit der Buttercreme oder Ganache überziehen (s. S. 19–21). Den Rollfondant rot einfärben und die Torte damit eindecken (s. S. 22/23). Die Oberfläche mit den Fondantglättern perfekt glätten und die Kanten sehr sauber abrunden. Die Torte auf einen Tortenteller stellen.

❷ Die Spitze mit ein wenig Fondantkleber bestreichen, um die Torte herumlegen und leicht andrücken.

❸ Für den Panda den Modellierfondant verwenden. Ca. 100 g davon schwarz einfärben. Dann aus weißem Modellierfondant eine Kugel von ca. 4 cm ø als Kopf formen und mit dem Balltool Vertiefungen für die Augen hineindrücken. Zwei kleine schwarze Kugeln rollen, in die Augenhöhlen legen und mit dem Balltool so festdrücken, dass die Vertiefungen vollständig schwarz ausgekleidet sind. Aus einer ca. 1 cm großen Kugel aus weißem Fon-

dant eine Schnauze formen und diese mit etwas Fondantkleber in der Mitte des Gesichts anbringen. Darauf eine kleine schwarze Kugel als Nasenspitze setzen. Zuletzt zwei kleine weiße Kugeln für die Augen formen, diese in die Augenhöhlen setzen und mit einem schwarzen Lebensmittelfarbstift zwei kleine Punkte für die Pupillen aufmalen. Aus schwarzem Modellierfondant zwei kleine Kugeln rollen, diese zu Ohren formen und mit etwas Fondantkleber an den Kopf kleben.

❹ Als Bauch eine ca. 6 cm große Kugel aus 50 g weißem Modellierfondant formen, mit dem Pick Tool einen Nabel hineindrücken und einen Cakepop-Stick von unten nach oben durch den Körper stecken. Aus dem restlichen schwarz eingefärbten Fondant einen dicken, leicht spitz zulaufenden Strang für die Arme sowie zwei kleine Kegel für die Beine modellieren.

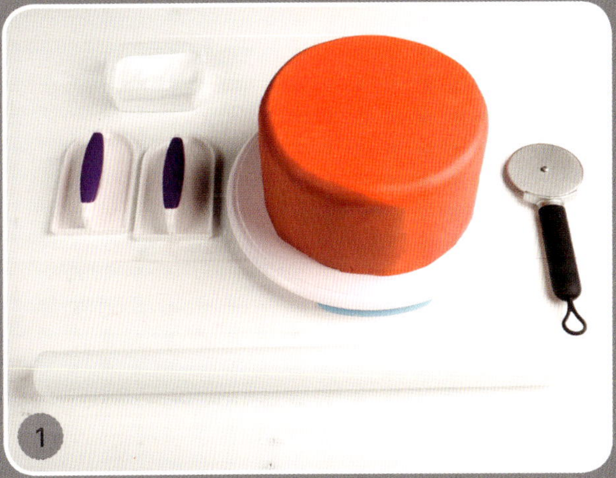

1

2

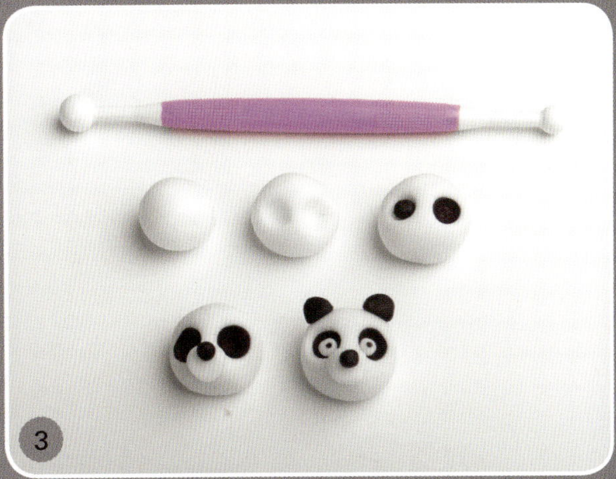

3

4

5 Den Panda zusammenbauen. Dazu die Arme auf den Körper setzen und dann den Kopf auf den Cake-pop-Stick stecken. Die Beine seitlich unten an den Körper des Pandabären kleben.

6 Für die Rose auf der Torte die Blütenpaste schwarz einfärben und ausrollen. Ca. 5–6 kleine, 5–6 mittelgroße und 10–15 große Kreise ausstechen (z. B. 3, 5 und 7 cm) und jeweils eine Hälfte der Kreise mit dem Finger flach drücken. Die dünnen Seiten der Kreise befinden sich später an der Oberseite der Rose, die dicken Seite der Blütenblätter unten.

7 Aus einer Blütenpastenkugel von ca. 2 cm einen Tropfen formen und mit Fondantkleber bestreichen. Das erste Blatt so darumwickeln, dass sich oben eine Spitze formt, die den Tropfen fast verdeckt. Unter das Ende des Blattes ein zweites Blütenblatt schieben. Das zweite Blatt herumwickeln, um den Tropfen zu verdecken, und erst schließen, wenn das dritte darunter-geschoben wurde. Danach 5–6 Blätter um die Rose anordnen.

8 Die mittelgroßen und danach die großen Blütenblätter ankleben. Sie können gleichmäßig außen herum an der Rose angebracht werden. Die dünnere Oberseite der Blätter dabei in Falten legen. Die fertige Rose auf die Oberfläche der Torte und den Panda seitlich aufs Cakeboard setzen.

Tipp: Wer möchte und noch etwas Fondant oder Marzipan übrig hat, drückt dem Panda seine eigene kleine Rose in die Pfote. Dazu einen ca. 2 cm langen Strang aus grünem Marzipan oder Fondant formen, darauf eine kleine rote Kugel setzen und diese mit einem Messer kreuzförmig einritzen.

New-York-Torte

Diese Torte verwandelt eine Millionenstadt in ein süßes Kunstwerk von 20 cm Seitenlänge. Sie sieht beeindruckend kompliziert aus, ist aber in Wahrheit gar nicht so schwer herzustellen – und die angewendete Technik zum Übertragen der Skyline öffnet zudem Tür und Tor für Liebesbekundungen aller Art. Es muss ja nicht immer New York sein ...

ZUTATEN:

- 1 quadratischer Kuchen (20 cm Seitenlänge; auch rund möglich)
- 1 kg Buttercreme oder Ganache
- 2 kg Rollfondant
- 50 g Modelliermarzipan
- schwarze Lebensmittelfarbpaste
- rote Lebensmittelfarbpaste

❶ Den Kuchen mit der Buttercreme oder Ganache überziehen (s. S. 19–21) und mit 1,5 kg weißem Fondant eindecken (s. S. 22/23). Die Oberfläche mit Fondantglättern glätten und die Ecken sehr sorgfältig herausarbeiten.

2 Den restlichen Fondant schwarz einfärben. Eine Schere, vier 20 cm breite Bilder von der New Yorker Skyline, eine Rasier- oder Stanley-Klinge, etwas Pflanzenfett und vier 20 cm lange Wachspapierstreifen, die fast so hoch sind wie der Kuchen, bereitlegen. Die Skyline sehr exakt ausschneiden, damit man später ein perfektes Ergebnis erhält.

3 Einen Wachspapierstreifen mit einer dünnen Schicht Pflanzenfett einstreichen und ein Viertel des schwarzen Fondants darauf ausrollen. Das Ganze ein paar Minuten antrocknen lassen, dann die erste Schablone auf den Fondant legen und die Skyline mit der Klinge ausschneiden. Den überschüssigen Fondant vom Wachspapier entfernen.

4 Die Fondant-Skyline ganz dünn mit Fondantkleber bepinseln und mithilfe des Wachspapierstreifens sanft an die Torte drücken. Ein paar Minuten warten, bis der Kleber angetrocknet ist, dann das Wachspapier vorsichtig abziehen. Den Vorgang für die restlichen drei Seiten wiederholen.

5 Das Marzipan rot einfärben und ca. 2–3 cm dick ausrollen. Mit einem Ausstecher ein Herz ausstechen und dieses antrocknen lassen.

6 Den von der Skyline übrigen schwarzen Fondant erneut ausrollen und leicht antrocknen lassen. Währenddessen aus Papier die Buchstaben I, N und Y ausschneiden. Diese als Schablonen auf den Fondant legen und mit einer Stanley-Klinge oder einem scharfen Messer ausschneiden.

7 Sobald Herz und Buchstaben angetrocknet sind, die vier Elemente vorsichtig mit etwas Fondantkleber auf die Oberseite der Torte kleben, sodass sich der Schriftzug „I ♥ NY" ergibt.

Hochzeitstorte

Eine Hochzeitstorte kann der Höhepunkt einer Hochzeit sein, denn sie ist Ausdruck von Eleganz, Genuss und der Feierlichkeit des Tages. Diese Torte verbindet all diese Tugenden und lässt gleichzeitig jede Menge Spielraum, um ein Kunstwerk nach den eigenen Vorstellungen zu kreieren. Und das Schönste daran? Sie ist leichter zu machen, als es auf den ersten Blick aussieht!

ZUTATEN:

- 1 runder Kuchen (20 cm ø)
- 1 kg Buttercreme oder Ganache
- 1,3 kg Rollfondant
- 250 g Blütenpaste
- gelbe Lebensmittelfarbpaste
- graue Lebensmittelfarbpaste

1 Den Kuchen mit der Buttercreme oder Ganache überziehen (s. S. 19–21). Den Rollfondant rot einfärben und
die Torte damit eindecken (s. S. 22/23). Die Oberfläche mit
den Fondantglättern perfekt glätten und die Kanten sehr
sauber abrunden. Die Torte auf einen Tortenteller stellen.

2 Die Spitze mit ein wenig Fondantkleber bestreichen,
um die Torte herumlegen und leicht andrücken.

3 Die Fondantpresse reinigen, den restlichen Fondant grau einfärben und die Fondantpresse mit einer
schmaleren Lochmaske ausstatten als zuvor. Graue
Stränge pressen und diese jeweils mittig zwischen zwei
gelbe Schnüre kleben.

❹ Die Blütenpaste gelb einfärben und so viel abnehmen, wie man gerade braucht. Den Rest wieder gut verpacken und auch später immer nur kleine Mengen entnehmen, denn die Paste trocknet binnen Minuten vollständig aus. Aus der Blütenpaste zunächst einen Keil formen, der oben spitz zuläuft. Etwas Paste hauchdünn ausrollen, runde Kreise ausstechen und mit den Fingern auf einer Seite flacher drücken; die dünnen Seiten befinden sich später oben. Das erste Blatt um den Keil legen. Das zweite Blatt unter das Ende des ersten Blattes schieben, das Ende des ersten Blattes darüber festdrücken und das zweite Blatt um den Keil und das erste Blatt wickeln. Alles wiederholen, bis die Blüte so groß ist wie gewünscht. Überschüssige Masse an der Unterseite einfach abschneiden und die Spitzen der Blüten etwas nach außen biegen.

❺ Zwei weitere Rosen auf diese Weise herstellen und die Blüten 30 Minuten trocknen lassen.

❻ Die Unterseiten der Rosen vorsichtig mit etwas Fondantkleber einstreichen und die Blüten so auf der Torte platzieren, dass sie leicht nach außen geneigt gegenüberliegend angeordnet sind.

Tipp: Diese Torte ist sehr variabel. Farben, Stärke und Anzahl der Linien können ganz nach Belieben verändert und der jeweiligen Hochzeit angepasst werden, ebenso die Anzahl, Farbe(n) und Größe(n) der Rosen.

Comictorte

ZUTATEN:

- 1 runder Kuchen (20 cm ø)
- 1 kg Buttercreme oder Ganache
- 1,8 kg Rollfondant
- 250 g Modelliermarzipan
- 100 g Blütenpaste
- pinkfarbene Lebensmittelfarbpaste
- braune Lebensmittelfarbpaste
- rote Lebensmittelfarbpaste
- grüne Lebensmittelfarbpaste

Eine Motivtorte, die aussieht wie eine Torte? Klingt verrückt … und ist es auch. Aber warum nicht einfach mal eine richtig verrückte Torte als Geschenk mitbringen? Überraschung ist garantiert!

❶ Den Kuchen mit der Buttercreme oder Ganache überziehen (s. S. 19–21). 1 kg Fondant pink einfärben und die Torte damit eindecken (s. S. 22/23). Die Oberfläche mit Fondantglättern sehr sorgfältig glätten.

❷ Für die „Schokoladenglasur" 500 g Fondant braun einfärben und so groß ausrollen, dass die Platte ein ganzes Stück über den Rand der Torte hinausragt. Mit einem Messer den Rand des Fondants ungleichmäßig wellenförmig zuschneiden.

3 Den Fondant über die Torte legen und mit den Fondantglättern gleichmäßig an die Torte drücken. Die Ränder der Fondantplatte mit den Fingern vorsichtig etwas abrunden, um dem Ganzen einen sanfteren Look zu verleihen.

4 Für die Kirschen das Marzipan rot einfärben und zu acht Kugeln formen. Mit einem spitzen Gegenstand leichte Vertiefungen in die Kugeln stechen, in die man später die Stiele drückt. Die Blütenpaste grün einfärben. Für jede Kirsche einen Stängel modellieren, indem zuerst eine Kugel geformt und diese dann spitz zulaufend zu einem Strang gerollt wird. Die fertigen Stängel etwas trocknen lassen. Währenddessen aus 200 g weißem Fondant acht ca. 20 cm lange, an den Enden schmaler zulaufende Stränge rollen. Diese spiralförmig einrollen. Die Kirschen auf die Sahnehäubchen aus Fondant stellen und die getrockneten Stängel mit etwas Fondantkleber in die Vertiefungen kleben.

5 Die Kirsch-Sahne-Häufchen gleichmäßig mit etwas Fondantkleber außen auf die Tortenoberfläche kleben und die Torte auf einen schönen Tortenteller stellen. Für den unteren Rand der Torte kleine längliche Tropfen aus dem restlichen weißen Fondant formen und daraus einen Abschluss rundherum legen.

Ritterburgtorte

ZUTATEN:

- 1 runder Kuchen (20 cm ø)
- 1 kg Buttercreme oder Ganache
- 1 kg Rollfondant
- 500 g Modellierfondant
- 1 kg Modelliermarzipan
- schwarze Lebensmittelfarbpaste
- hellgrüne Lebensmittelfarbpaste
- rote Lebensmittelfarbpaste
- gelbe Lebensmittelfarbpaste
- dunkelgrüne Lebensmittelfarbpaste

Als tapferer Ritter einen Drachen zu bezwingen, das ist wohl der Traum eines jeden Kindes. Im echten Leben wird dies zwar nur schwer möglich sein, mit dieser Torte kommt man dem Ganzen jedoch schon ein großes Stück näher. Allerdings ist nicht nur das Formen des Untiers eine kleine Herausforderung, sondern auch das Aufessen – dazu benötigt man Verstärkung vom Rest der Familie!

1 Den Kuchen mit der Buttercreme oder Ganache überziehen (s. S. 19–21). Den Rollfondant mit schwarzer Lebensmittelfarbe dunkelgrau einfärben und die Torte damit eindecken (s. S. 22/23). Den überschüssigen Fondant für später beiseitelegen. Die Oberfläche mit Fondantglättern sehr sorgfältig glätten.

2 Rund um die Außenseite der Torte mit einer entsprechenden Prägematte ein Mauermuster in den Fondant drücken.

3 Einen Streifen Wachspapier zuschneiden, der etwa die Hälfte der Torte umfasst, und dünn mit Pflanzenfett bestreichen. 500 g Modellierfondant im selben Grauton einfärben wie den Fondant zum Eindecken, die Hälfte davon auf dem Wachspapier ausrollen und zu einem langen, breiten Streifen zuschneiden. Mit einem scharfen Messer oder einer Stanley-Klinge Zinnen ausschneiden. Das Ganze für die zweite Hälfte der Zinnenumrandung wiederholen.

4 Die Umrandungen ca. 30 Minuten aushärten lassen, dann den unteren Bereich der ersten Hälfte dünn mit Fondantkleber einpinseln und kurz antrocknen lassen. Anschließend die Zinnen mithilfe des Wachspapierstreifens an die obere Kante der Torte kleben.

5 Die Zinnen einige Minuten trocknen lassen, erst dann vorsichtig das Wachspapier abziehen. Sollten einige Zinnen noch etwas zu weich sein und schief werden, diese einfach wieder in die richtige Position biegen. Mit der zweiten Hälfte der Umrandung ebenso verfahren.

6 600 g Marzipan hellgrün einfärben. 250 g davon ausrollen und ein Cakeboard damit eindecken. Aus den Resten und dem übrigen grünen Marzipan einige unterschiedlich große Kegel formen, die zum Schluss als Bäume auf dem Cakeboard rund um den Kuchen positioniert werden.

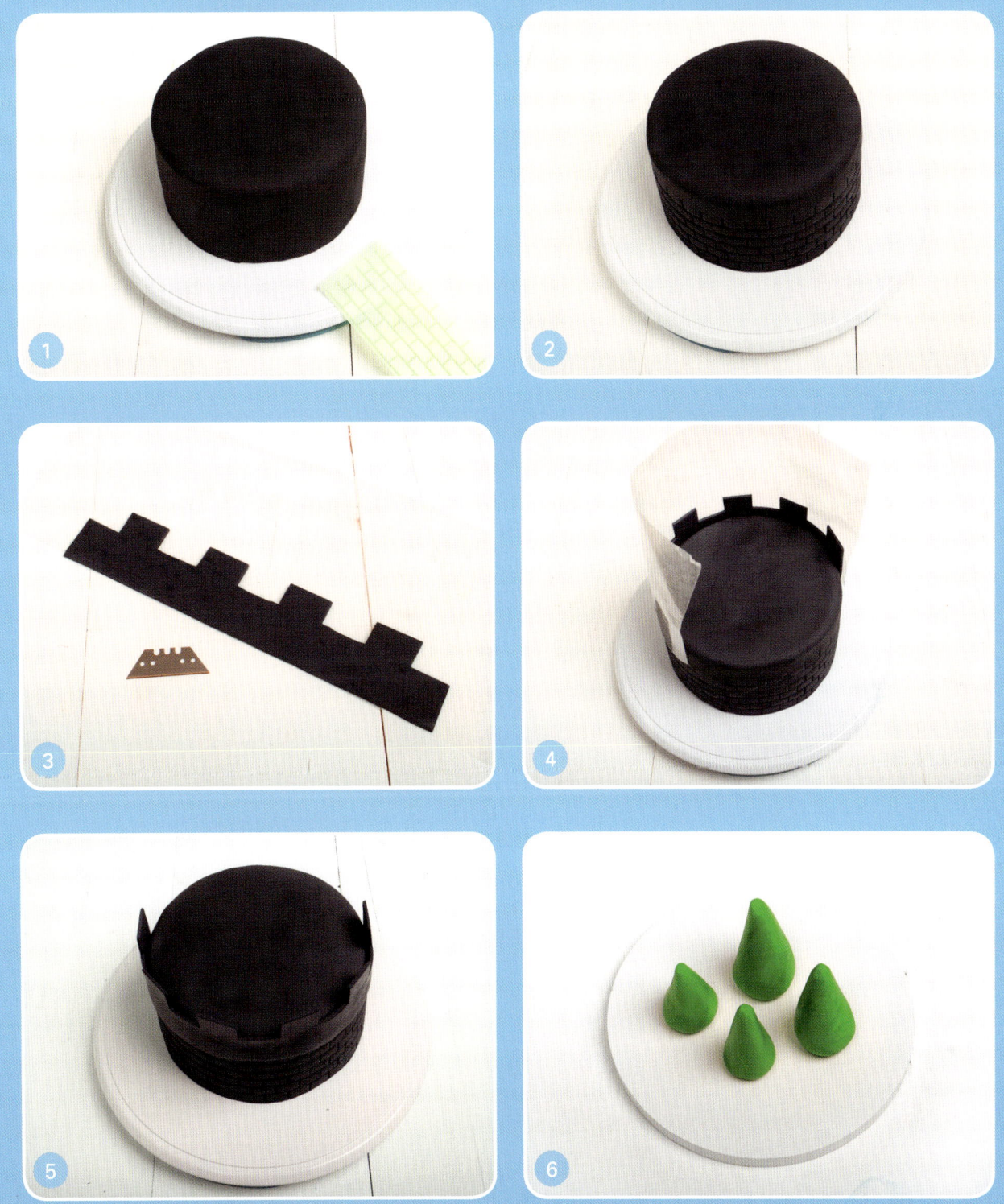

7 Aus einem kleinen Rest des grauen Fondants vom Eindecken der Torte ein Schild formen. Dann 50 g Marzipan rot einfärben, ein weiteres, etwas kleineres Schild formen und mit etwas Fondantkleber auf das graue kleben. Etwas Marzipan gelb einfärben, ausrollen und ein kleines Schwert ausschneiden. Dieses auf das rote Schild kleben. Zuletzt um das rote Schild herum kleine Vertiefungen stechen, z. B. mit dem Smile Tool.

8 Für den Drachen ca. 25 g des verbliebenen Marzipans dunkelgrün und den ganzen Rest hellgrün einfärben. Für den Rumpf eine Kugel von 6–7 cm ø formen und diese durch sanftes Rollen an den Enden verschmälern. Eine Seite sollte dabei etwas länger werden und ganz spitz zulaufen, sie wird der Schwanz des Drachen. Die zweite Seite wird den Hals darstellen und soll nur leicht länglich werden.

9 Für den Brustpanzer aus dem dunkelgrün eingefärbten Marzipan eine Kugel von ca. 2 cm ø rollen. Diese in der flachen Hand so formen, dass sie an beiden Seiten spitz zuläuft, dann der Länge nach ausrollen. Mittig auf den zuvor modellierten Körper des Drachen legen und festkleben. Zuletzt nach Belieben mit einem Lineal oder einer Palette horizontale Vertiefungen eindrücken, damit der Brustkorb gerippt aussieht.

10 Für die Beine zwei Kugeln von je ca. 3 cm ø formen und diese so rollen, dass in der Mitte eine leichte Vertiefung entsteht. Eine Seite flach drücken, dann das Marzipan um 90 Grad drehen und auch das andere Ende flach drücken. Mit einem scharfen Messer drei kleine Einschnitte vornehmen und die so entstandenen Krallen etwas auseinanderdrücken und zuspitzen.

11 Für die Arme zwei etwas kleinere Kugeln als für die Beine formen und diese nur an einer Seite schmaler zulaufen lassen. Mit einem scharfen Messer einen einzelnen Einschnitt eher seitlich vornehmen, um den Daumen zu formen, dann zwei weitere Schnitte an der Vorderseite machen, um die restlichen Krallen herauszuarbeiten.

12 Für den Schädel des Drachen eine Kugel von 5 cm ø formen und dieser durch sanftes Rollen eine etwas längliche Form geben. Dabei soll in der Mitte eine kleine Vertiefung entstehen. Mit einem Balltool zwei Vertiefungen als Augenhöhlen eindrücken und mit einem Zahnstocher zwei Nasenlöcher einstechen. Den Zahnstocher dabei leicht nach oben drücken, um der Nase Struktur zu geben. Zuletzt nach Belieben mit einem scharfen Messer oder dem Smile Tool einen Mund sowie leichte Schuppen auf der Nase einritzen.

13 Für die Augen zwei kleine Kugeln aus dem grauen Fondant vom Eindecken formen und diese in die Augenhöhlen drücken. Darauf zwei winzige Kugeln aus weißem Fondant platzieren. Für die Rückenstacheln des Drachen kleine Dreiecke aus Marzipanresten formen und diese in die Mitte des Rückens kleben. Dann den Körper des Drachen in eine aufrechte Haltung bringen und einen Spieß oder einen Cakepop-Stick von oben nach unten durch den Hals schieben, um der Figur Stabilität zu verleihen.

14 Zum Schluss nach Belieben individuelle Details wie Hörner, Ohren, Flügel oder Ähnliches anfertigen und den Kopf auf das herausragende Stäbchen stecken. Den fertigen Drachen auf die Ritterburg setzen und die Bäume und das Wappen nach Wunsch platzieren.

Tipp: Wer Zeit und Lust hat, modelliert für die Burg zusätzlich ein Tor und Fenster (Herstellung s. Wunderland-Torte, S. 94), das macht sie noch lebendiger. Überschüssigen schwarzen Fondant nach Belieben noch mal ausrollen, mit einer Mauerprägung versehen und als Weg aufs Cakeboard kleben.

Wunderlandtorte

ZUTATEN:

- 1 quadratische Torte (ca. 25 x 25 cm)
- 1 Riesenmuffin (alternativ 2 runde Kuchen, je 20 cm ø)
- 3 kg Buttercreme oder Ganache
- 3,5 kg Rollfondant
- 100 g Blütenpaste
- 250 g Modelliermarzipan
- 450 g Modellierfondant
- hellgrüne Lebensmittelfarbpaste
- dunkelgrüne Lebensmittelfarbpaste
- rote Lebensmittelfarbpaste
- braune Lebensmittelfarbpaste
- schwarze Lebensmittelfarbpaste
- gelbe Lebensmittelfarbpaste
- orangefarbene Lebensmittelfarbpaste
- blaue Lebensmittelfarbpaste
- rosafarbene Lebensmittelfarbpaste
- schwarzer Lebensmittelfarbstift

Willkommen im Wunderland, wo sich Fabelgestalten wie Zwerge und Feen ihren Platz mit bunten Blumen, Tieren und anderen wundersamen Lebensformen teilen. Dementsprechend ist auch diese Torte eine kreative Spielwiese, die es ermöglicht, Fantasie und Vorstellungskraft mit Fondant und Marzipan auszudrücken.

1 Für das Cakeboard je 200 g Rollfondant hellgrün und dunkelgrün einfärben. Die beiden Fondantmassen grob miteinander verkneten, ausrollen und das Cakeboard damit eindecken.

2 Den quadratischen Kuchen mit 1,5 kg Buttercreme oder Ganache überziehen (s. S. 19–21). 1,3 kg Rollfondant hellgrün einfärben und den Kuchen damit eindecken (s. S. 22/23). Auf dem Cakeboard platzieren und die Oberfläche mit Fondantglättern sehr sorgfältig glätten. Nach Belieben die Seitenränder mit Gras bemalen (s. Angler-Torte, S. 34).

3 Den pilzförmigen Riesenmuffin durchschneiden oder die beiden runden Kuchen entsprechend zuschneiden: Der Kuchen für den Fuß des Pilzes sollte dabei schmaler sein als der für den Hut und nach unten hin breiter werden, damit er sicher steht. Der Kuchen für den Hut sollte kuppelförmig sein.

4 Beide Teile des Pilzes mit der restlichen Buttercreme oder Ganache überziehen, dabei eventuelle Vertiefungen im Kuchen ausfüllen und die Oberfläche möglichst gleichmäßig glätten. Für 1–2 Stunden kalt stellen.

5 Den Fuß des Pilzes mit 500 g weißem Rollfondant eindecken und mit den Fondantglättern für eine ebene Oberfläche sorgen.

6 500 g Rollfondant mit roter Lebensmittelfarbe einfärben, den Hut des Pilzes damit eindecken und sorgfältig glätten. Den Hut auf den Fuß setzen.

7 Die Blütenpaste braun einfärben, ausrollen und mit einer Holzprägematte oder -prägerolle verzieren. Dann drei Bretter und zwei gleich große Untergestelle für eine Treppe daraus ausschneiden und gut durchtrocknen lassen.

8 Das Pilzhaus auf dem quadratischen Kuchen platzieren. Die Treppe zusammenbauen, indem man zuerst die zwei Platten für das Untergestell mit Fondantkleber an die rechteckige Torte und das Cakeboard klebt und darauf dann die drei Holzbretter aus Blütenpaste. Ca. 50 g Rollfondant schwarz einfärben, grob mit der gleichen Menge weißem Rollfondant verkneten und aus etwa der Hälfte der Menge unregelmäßige flache Steine formen. Diese als Steinweg auf die Torte kleben.

9 50 g weißen Rollfondant ausrollen und unterschiedlich große Kreise ausstechen. Diese mit etwas Fondantkleber auf das Dach des Pilzhauses kleben. Für die Türe und das Fenster ca. 100 g Rollfondant braun einfärben, mit einer Holzprägematte verzieren und die Form einer Türe und eines Fensterladens ausschneiden. Beides ans Pilzhaus kleben. Aus dem restlichen schwarz-weiß-melierten Fondant längliche kleine Steine formen und diese mit Fondantkleber rund um die Türe anbringen. Außerdem einen Griff formen und auf die Türe kleben.

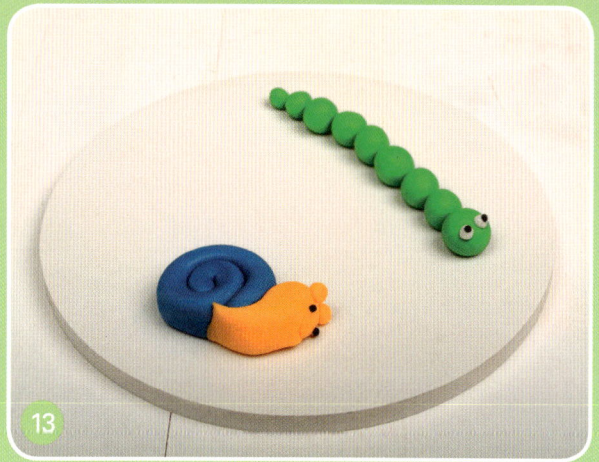

10 Aus den Resten des roten, weißen und braunen Rollfondants kleine Pilze formen. Dazu für jeden Pilz zwei gleich große Kugeln modellieren, eine davon zu einem Stiel rollen und die zweite für den Hut etwas flacher drücken. Die beiden Teile zusammensetzen. Für Fliegenpilze kleine Kügelchen aus weißem Fondant formen, diese flach drücken und vorsichtig auf den Pilzhüten anbringen.

11 100 g Marzipan portionieren, rot, gelb, orange und blau (oder nach Belieben) einfärben und ausrollen. Mit kleinen Ausstechern Blüten und Schmetterlinge ausstechen und diese willkürlich auf der gesamten Torte verteilt ankleben.

12 Für die Raupe 150 g Modellierfondant hellgrün einfärben. 6–7 gleich große Kugeln für den Körper formen,

eine etwas kleinere für den Schwanz und eine etwas größere für den Kopf. Außerdem zwei winzige schwarze und zwei etwas größere weiße Kugeln rollen und diese als Augen auf die größte der grünen Kugeln kleben. Für die Schnecke 60 g Modellierfondant blau einfärben, einen Strang daraus formen und diesen einrollen. 40 g Modellierfondant gelb einfärben, ebenfalls einen Strang daraus formen und diesen an einem Ende flach drücken. Zwei kleine gelbe Kugeln dienen später als Fühler.

13 Die Raupe und die Schnecke auf der Arbeitsfläche zusammensetzen. Für die Augen der Schnecke etwas schwarz eingefärbten Fondant zu winzigen Kügelchen rollen und diese aufkleben. Mit dem Smile Tool einen Mund einkerben.

14

15

16

17

14 Für den Zwerg 100 g Modellierfondant orange, 50 g rosa und 50 g rot einfärben. Aus dem orangefarbenen Fondant erst einen Kegel und daraus eine Zipfelmütze formen. Ein wenig rosafarbenen Fondant für die Hände beiseitelegen, aus dem Rest eine größere Kugel für den Kopf und eine kleinere für die Nase rollen. Aus etwas rotem Fondant zwei kleine Kugeln als Ärmel formen, aus dem Rest einen Kegel modellieren und diesen anschließend etwas zusammen- drücken. Mit dem Nahttool einen Reißverschluss andeuten und nach Belieben weitere Verzierungen anbringen (z. B. eine Brusttasche). Etwas Marzipan braun einfärben und daraus Schuhe formen, indem man eine Kugel an einer Seite zuspitzt und diese unter den Körper des Zwergs schiebt.

15 Einen Cakepop-Stick von oben nach unten durch den Zwer- genkörper stecken. Aus dem Rest rosafarbenem Fondant zwei Kugeln als Hände formen und diese in der Mitte einkerben.

16 Den Zwerg zusammensetzen und mit etwas Fondant- kleber die Einzelteile fixieren, dabei die Zipfelmütze weit ins Gesicht hinunterziehen und direkt darunter die Nase anbring- en. Mit einem Messer einen lachenden Mund einritzen.

17 Für kleine Marienkäfer je 50 g Marzipan schwarz und rot einfärben. Kleine Kugeln aus schwarzem und etwas größere aus rotem Marzipan formen. Beide Kugeln zusammensetzen und etwas flach drücken. Dann mit einem Nahttool eine Lin- ie in der Mitte des Rückens einkerben und aus schwarzem Marzipan die marienkäfertypischen Punkte auf dem Rücken aufbringen. Aus etwas weißem Fondant Kugeln für die Augen formen und aufkleben, mit einem schwarzen Lebens- mittelfarbstift die Pupillen aufmalen. Dann alle Komponenten dekorativ auf der Torte platzieren. Nach Belieben mit einer Fondantpresse aus etwas übrigem grünen Rollfondant Gras- büschel herstellen und ankleben.

Tipp: Man kann die Figuren (Raupe, Schnecke und Zwerg) auch aus Marzipan statt aus Fondant herstellen.

Halloween-Torte

Trick or treat? Dann tricksen wir eben mal! Oft sind die optisch beeindruckendsten Kreationen einfacher zu machen, als manch einer denkt. Denn statt aufwendig die runde Form zurechtzuschneiden, stapelt man schnell zwei Gugelhupfe übereinander und schon hat man die perfekte Optik. So bekommt das klassische Kürbisschnitzen echte, süße Konkurrenz …

❶ Die Unterseiten der beiden abgekühlten Gugelhupfe mit einem scharfen Messer begradigen, sodass sie ganz eben sind und man sie aufeinanderstellen kann.

❷ Die Unterseite eines Gugelhupfs dick mit Ganache bestreichen und die zweite Hälfte daraufsetzen.

❸ Die restliche Ganache auf dem gesamten Kuchen verteilen. Dabei Unebenheiten, Löcher und vor allem den Übergang zwischen den beiden Kuchen ausfüllen und kaschieren.

❹ Für den Überzug 1,5 kg Marzipan orange einfärben. Dann etwas Rot dazugeben und nur grob unterkneten, sodass sich eine natürlichere, ungleichmäßigere Färbung ergibt. Das Marzipan auf einer nicht haftenden Arbeitsfläche oder einer Backunterlage ausrollen und sicherstellen, dass die Größe ausreicht, um den ganzen Kuchen zu bedecken.

❺ Das Marzipan vorsichtig auf einen Ausrollstab aufrollen und über dem Kuchen wieder abrollen. Alternativ kann das Marzipan mithilfe der Backunterlage (falls verwendet) auf den Kuchen gelegt und diese dann vorsichtig abgezogen werden.

❻ Den Kuchen mit dem Marzipanmantel eindecken (s. S. 16/17). Falls das Marzipan reißt, einfach mit den Daumen wieder zusammendrücken. Die überschüssige Masse abschneiden.

7 Um dem Kürbis eine bessere Kontur zu geben, die Vertiefungen der Gugelhupfe mit einem Finger nachfahren. Dabei den Finger mit Frischhaltefolie umwickeln, damit das Marzipan nicht einreißt.

8 Aus Papier die Form des Mundes, der Augen und der Nase ausschneiden und überprüfen, ob sie größenmäßig zum Kuchen passen. Ca. 150 g Marzipan schwarz einfärben und auf einem Streifen Wachspapier ausrollen.

9 Die Papierschablone für den Mund auf den schwarzen Marzipanstreifen legen und mit einem Messer oder einer Stanley-Klinge die Form vorsichtig ausschneiden. Das Marzipan dünn mit Wasser befeuchten und mithilfe des Wachspapiers auf den Kürbis kleben. Dasselbe mit den Augen und der Nase wiederholen.

10 Den Rest des Marzipans grün einfärben, eine Kugel daraus formen und diese etwas lang ziehen. Dann einen Strunk modellieren und mit etwas Wasser vorsichtig oben auf dem Kürbis befestigen.

Tipp: Man kann die Figuren (Raupe, Schnecke und Zwerg) auch aus Marzipan statt aus Fondant herstellen.

Pferdetorte

Das Glück dieser Erde liegt auf dem Rücken der Pferde – und in dieser stylischen Torte, die nicht nur Pferdefreunde begeistern wird. Obwohl sie so viel hermacht, ist sie nicht besonders schwer herzustellen, sodass sich selbst Motivtortenanfänger ihre ersten Sporen verdienen können!

ZUTATEN:

- 1 runder Kuchen (20 cm ø)
- 1 kg Buttercreme oder Ganache
- 2 kg Rollfondant
- 400 g Modelliermarzipan
- türkisfarbene Lebensmittelfarbpaste
- braune Lebensmittelfarbpaste
- pinkfarbene Lebensmittelfarbpaste
- schwarze Lebensmittelfarbpaste

1 Den Kuchen mit der Buttercreme oder Ganache überziehen (s. S. 19–21). 1 kg Fondant türkis einfärben und die Torte damit eindecken (s. S. 22/23). Die Oberfläche mit Fondantglättern sehr sorgfältig glätten und die Torte auf ein Cakeboard stellen.

2 250 g weißen Fondant zu einer annähernd runden Platte ausrollen. Diese so zuschneiden, dass sie etwas größer als die Tortenoberfläche ist, und auf den türkisfarbenen Fondant legen. Aus 150 g weißem Fondant mit einer Fondantpresse eine Bordüre formen und zur Zierde unten um die Torte legen.

3 Für die Fransenbordüre 300 g Fondant braun einfärben. Aus einem Teil davon einen 15 cm breiten und 3 cm hohen Streifen ausrollen und mit einem scharfen Messer kleine gleichmäßige Schnitte hineinmachen. So viele Fransen-Bordüren anfertigen, bis man die Torte einmal rundum damit verzieren kann (4–5 Stück).

❹ 100 g weißen Fondant ausrollen und mit einem Ausstecher einige Blumen ausstechen. 100 g Fondant pink einfärben. Aus einem kleinen Teil davon kleine Kügelchen formen und diese mit etwas Fondantkleber in die Mitte jeder weißen Blüte kleben. Für eine schönere Form die Blüten zum Trocknen leicht in einen Teelöffel drücken. Aus dem restlichen pinkfarbenen Fondant kleine Blumen für die Deko ausstechen.

❺ Für das Pferd ca. 350 g Marzipan braun und ca. 50 g Marzipan schwarz einfärben. Zunächst eine braune Kugel von 6–7 cm ø für den Rumpf formen, diese zu einem dicken Strang rollen und dann mit dem Handballen eine leichte Vertiefung in die Mitte drücken. Eine Seite sollte etwas schmaler zulaufen.

❻ Für die Hinterbeine zwei Kugeln von 3–4 cm ø aus braunem Marzipan formen und diese zu einem Kegel rollen. Das dickere Ende etwas flach drücken und den schmaler zulaufenden Teil mit zwei Fingern so rollen, dass das Bein in der Mitte etwas dicker bleibt. Abschließend mit einem Messer Konturen hineinkerben. Für die Hufe zwei kleine Kugeln aus schwarzem Marzipan formen, diese flach drücken und unten am Bein anbringen.

7 Für den Kopf des Pferdes aus braunem Marzipan eine Kugel von 3–4 cm ø formen und in die Mitte eine leichte Vertiefung drücken. Dadurch ergibt sich eine längliche, in der Mitte etwas schmalere Form. Für die Nüstern zwei winzige Kugeln aus braunem Marzipan formen und diese mit der kleinen Seite eines Balltools an den Kopf drücken. Für die Augen mit demselben Werkzeug kleine Vertiefungen einkerben.

8 Dem Kopf mit einem kleinen Stück weißem Fondant eine Zeichnung geben. Dazu einen Streifen Fondant, ohne ihn besonders zu formen, aufdrücken und glatt streichen. Für die Augen zwei kleine Kugeln aus schwarzem Marzipan rollen und diese in die Vertiefungen setzen. Darüber zwei dünne Stränge aus braunem Marzipan als Augenbrauen anbringen und zuletzt zwei kleine braune Dreiecke aus Marzipan als Ohren am Kopf befestigen.

9 Die Vorderbeine auf die gleiche Weise wie die Hinterbeine formen (s. Schritt 6), jedoch sollten die Kugeln, die als Basis dienen, etwas kleiner sein (2–3 cm).

10 Alle Komponenten des Pferdes, die jetzt noch zusammengesetzt werden müssen.

11 Zuerst das linke Vorderbein an den Körper drücken, dann das rechte Vorderbein über das linke legen. Anschließend das linke Hinterbein am Körper festdrücken und unter dem Körper durchführen. Sollte der Körper zu hoch liegen, einfach den Teil des Beins, der sich unter dem Körper befindet, entfernen. Das rechte Hinterbein so positionieren, dass es nach vorn zeigt und über das linke Hinterbein läuft. Zuletzt den Kopf auf den Vorderbeinen platzieren und leicht festdrücken.

12 Für Mähne und Schweif das restliche schwarze Marzipan mit einer Fondantpresse zu dünnen Strängen pressen und am Pferd anbringen. Das Pferd auf der Torte positionieren, die Fransenbordüre mit Fondantkleber befestigen und die getrockneten weißen Blumen an die Übergänge zwischen den einzelnen Fransenstreifen kleben. Die rosa Blümchen dekorativ auf der Torte verteilen.

Tipp: Nach Belieben können dem Pferd weitere individuelle Details wie Flecken, Sattel oder Zaumzeug verpasst werden.

Rennautotorte

Wie könnte man Kinderaugen – und wohl auch die vieler erwachsener Männer – besser zum Glänzen bringen als mit einer Rennauto-Torte? Noch dazu dann, wenn das Rennauto aus leckerem Marzipan ist und einen im wahrsten Sinne des Wortes fast anspringt? Diese Torte ist das Highlight für jeden jungen und jung gebliebenen Mann!

❶ Den Kuchen mit der Buttercreme oder Ganache überziehen (s. S. 19–21). 1 kg Fondant ausrollen und die Torte damit eindecken (s. S. 22/23). Die Oberfläche mit Fondantglättern sehr sorgfältig glätten.

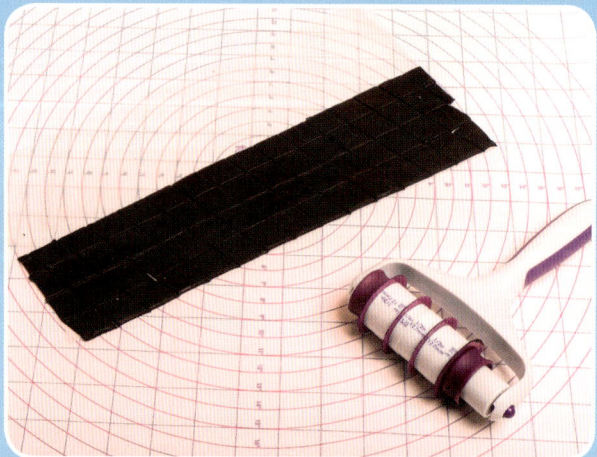

❷ 500 g Fondant schwarz einfärben. Einen Streifen Wachspapier auf ca. 40 cm Länge und mindestens zwei Drittel der Tortenhöhe zuschneiden und mit Pflanzenfett bestreichen. Den schwarzen Fondant darauf ausrollen und entlang des Wachspapiers abschneiden. Dann den Fondantstreifen in gleich große Vierecke schneiden. Am einfachsten geht das mithilfe eines Rollschneiders.

3 Jedes zweite Viereck aus dem Fondantstreifen her-auslösen – reihenweise versetzt – und die verbliebenen Vierecke dünn mit Fondantkleber einstreichen.

4 Den Wachspapierstreifen um die Torte legen und die Vierecke vorsichtig andrücken. Alles ein paar Minuten antrocknen lassen, dann den Wachspapierstreifen lang-sam abziehen.

5 100 g Fondant rot einfärben und auf einem 40 cm langen, mit Pflanzenfett bestrichenen Wachspapier-streifen ausrollen. Mit einem scharfen Messer schmal zuschneiden.

6 Den roten Fondantstreifen dünn mit Fondantkle-ber einpinseln und mithilfe des Wachspapiers so auf dem Tortenrand anbringen, dass er oben direkt an die schwarzen Vierecke angrenzt. Etwas antrocknen lassen, dann das Wachspapier abziehen.

7 150 g Marzipan rot einfärben. Etwas davon für die Heckspoiler beiseitelegen und aus den restlichen 100 g eine Kugel formen. Diese mit einem Fondantglätter zu einem viereckigen, schmal zulaufenden Keil modellieren.

8 Den von Schritt 2 übrig gebliebenen schwarzen Fondant ca. 1 cm dick ausrollen und mit Ausstechern oder einer Spritztülle zwei große und zwei etwas kleinere Räder ausstechen. Je nach eigener Vorstellung und gewünschtem Detailgrad mit einem Messer das Reifenprofil einritzen, um die Reifen authentisch wirken zu lassen. Nach Belieben weitere 3–4 Reifen herstellen, die später als Dekoration auf der Torte platziert werden können.

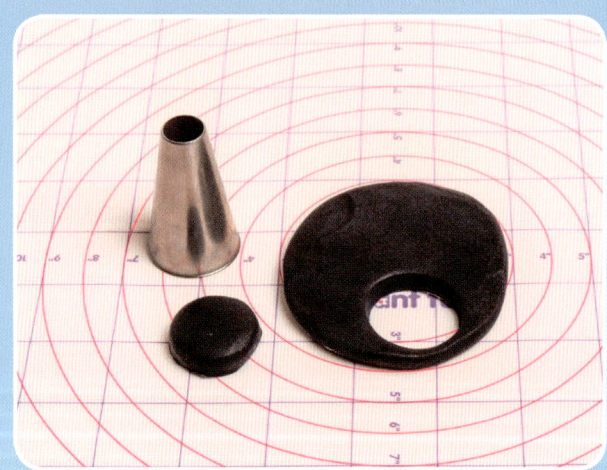

9 Den vom Eindecken übrigen weißen Fondant ausrollen. Zunächst einen schmalen Streifen in der Länge des Autos ausschneiden und das Auto damit verzieren. Mit dem Balltool eine Vertiefung fürs Cockpit ins Auto drücken.

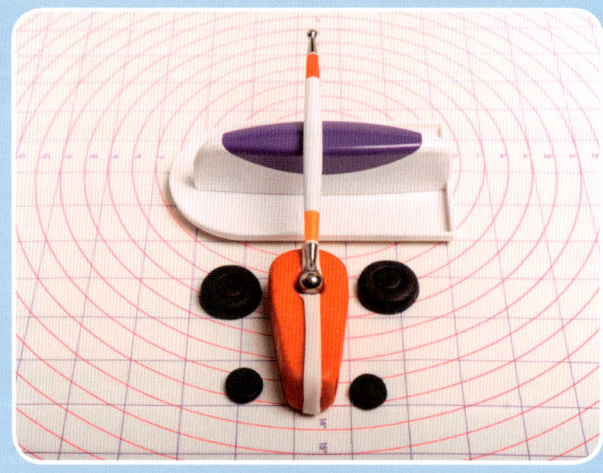

10 Ein wenig Marzipan schwarz einfärben und daraus eine kleine Kugel als Helm formen. Aus dem ausgerollten weißen Fondant einen kleinen Streifen ausschneiden und mit Fondantkleber als Visier am Helm anbringen. Den Helm aufs Cockpit setzen. Dann einen Streifen als Heckspoiler aus dem ausgerollten Fondant ausschneiden und aus dem beiseitegelegten roten Marzipan zwei kleine Kugeln als Halterung dafür formen. Die Kugeln hinten am Auto anbringen und den Heckspoiler mit etwas Fondantkleber darauf fixieren. Das Auto fertig zusammenbauen.

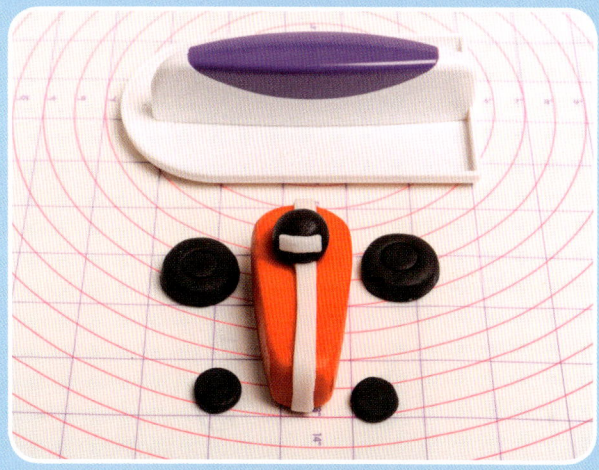

11 150 g Marzipan grün einfärben, etwas davon für das später benötigte Gras beiseitestellen und den Rest zu einem Keil – ähnlich einer Sprungschanze – formen. Ein flaches Holzstäbchen mit etwas Fondantkleber so ankleben, dass etwa zur Hälfte über die Sprungschanze hinausragt. Mindestens 1–2 Stunden trocknen lassen.

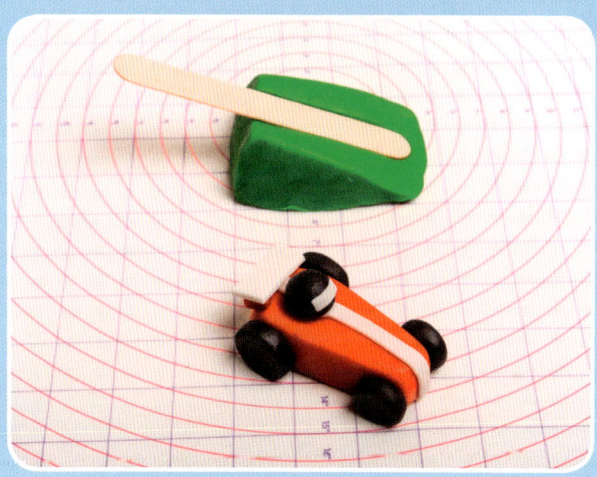

12 250 g Fondant grau einfärben, ausrollen und einen Teil davon auf die Größe der Schanze zuschneiden. Die Schanze damit bedecken und das Auto auf das hervorstehende Holzstäbchen kleben.

13 Den restlichen grauen Fondant ausrollen und einen Kreis ausschneiden, der etwa so groß wie die Torten-oberfläche ist. In der Mitte einen kleineren Kreis aus-stechen und die Platte auf die Torte legen. Die Sprung-schanze daraufkleben. 50 g weißen Fondant ausrollen, schmale Streifen für die Fahrbahnmarkierung daraus ausschneiden und auf die Platte kleben. Aus dem rest-lichen grünen Marzipan mit einer Fondantpresse etwas Gras herstellen und dieses an den Fahrbahnrändern anbringen.

14 100 g Marzipan orange einfärben, daraus kleine Warn-hüte formen und diese auf der Torte und dem Cakeboard platzieren.

15 Zuletzt 150 g Marzipan rot einfärben, einen breiten Streifen daraus ausrollen und wie ein Banner zuschnei-den. Die Blütenpaste ausrollen, mit Ausstechern Buch-staben für einen Schriftzug nach Wahl ausstechen und diese gut trocknen lassen. Dann die Buchstaben mit Fondantkleber auf den Marzipanstreifen kleben und das Banner vorsichtig am Rand der Torte anbringen.

Regenbogentorte

ZUTATEN:

- Grundrezept für Rührteig (siehe S. 14)
- 800 g Buttercreme
- 1,5 kg Rollfondant
- 250 g Blütenpaste
- violette Lebensmittelfarbpaste
- blaue Lebensmittelfarbpaste
- grüne Lebensmittelfarbpaste
- gelbe Lebensmittelfarbpaste
- orange Lebensmittelfarbpaste
- rote Lebensmittelfarbpaste

Wahre Schönheit liegt im Inneren? Ganz klar ja, aber diese Torte beeindruckt schon beim ersten Anblick. Der Regenbogenkuchen ist bunt, fröhlich und sorgt garantiert für gute Laune.

❶ Ein Rührteig-Grundrezept zubereiten (s. S. 14) und die Masse in sechs gleich große Portionen aufteilen. Diese Teige mithilfe der Lebensmittelfarbpasten je einmal violett, blau, grün, gelb, orange und rot färben.
Die Teige einzeln in eine 20 cm Springform geben und bei 170°C für 15 Minuten backen. So erhält man sechs unterschiedliche Tortenböden.

❷ Die Buttercreme nach Rezept wie auf S. 19/20 zubereiten und die Torte in Schichten aufbauen. Je ein Boden, dann Creme, usw.

❸ 125 g Blütenpaste in sechs Portionen aufteilen und je eine davon mit den angegebenen Farben einfärben. Ein scharfes Messer, einen Fondantglätter, einen kleinen Sternausstecher und einen runden Gegenstand mit 10 cm Durchmesser vorbereiten.

❹ Die gelbe Blütenpaste zu einem ca. 20 cm langen Strang ausrollen. Hierbei hilft es, den Strang mit einem Fondantglätter zu formen, damit die Oberfläche sehr glatt und gleichmäßig wird. Ein Ende des Fondantstranges spitz zulaufen lassen.

❺ Das spitz zulaufende Ende nach links eng einrollen, ähnlich einer Schnecke.

6 Damit der Regenbogen exakt halbrund wird, diesen um den runden Gegenstand biegen und einige Minuten antrocknen lassen.

7 Die orangefarbene Blütenpaste auf dieselbe Weise wie den gelben Strang formen, aber nach rechts einrollen. Den orangefarbene Strang dann über den gelben legen und mit etwas Zuckerkleber leicht fixieren.

8 Die rote Blütenpaste entsprechend formen und nach links einrollen. Dabei so über die gelbe und orangefarbene Blütenpasten legen, dass die Schnecke noch rechts neben den beiden anderen liegt.

9 Einen grünen Blütenpastenstrang formen, nach rechts einrollen und die Schnecke leicht oberhalb des roten platzieren.

10 Den blauen Blütenpastenstrang formen, eine Schnecke einrollen und so auf den vorherigen Strängen platzieren, dass die blaue Rolle mit etwas Abstand oberhalb des grünen endet.

11 Zuletzt die violette Ebene formen und wieder mit etwas Abstand zur blauen Rolle platzieren. Damit ist der Regenbogen vorerst fertig. Den Bogen mindestens 12 Stunden trocknen lassen.

⓬ Für die Wolke als Stabilisierung des Regenbogens einige unterschiedlich große Kugeln aus Blütenpaste formen. 20 g Blütenpaste sehr dünn ausrollen und über die Kugeln legen. Die Konturen etwas nachfahren, damit die Struktur der Wolke besser sichtbar wird und den überschüssigen Fondant auf die Rückseite streichen.

⓭ Die restliche Blütenpaste ausrollen und anhand eine Schablone aus Karton einige Wolken ausschneiden, sowie zwei Sterne ausstechen.

⓮ Die flachen Wolken auf die Seite der Torte kleben, die Sterne auf den Regenbogen. Die dreidimensionalen Wolken auf die Torte kleben und als Stütze für den Regenbogen nutzen. Den Regenbogen nach dem Ankleben noch einige Minuten festhalten, bis der Zuckerkleber angezogen ist.

Lokomotivtorte

Diese Torte ist perfekt für den Einstieg in die Kunst der Motivtortenherstellung – sie ist kinderleicht zu machen und bestens geeignet, um das Material Fondant kennenzulernen. Sie beweist, dass es nicht viel mehr als Vierecke, Dreiecke und Kreise braucht, um aus einem schlichten Kuchen ein echtes Highlight jeder Party zu kreieren. Noch dazu kann man die Torte jedem Anlass ganz einfach anpassen.

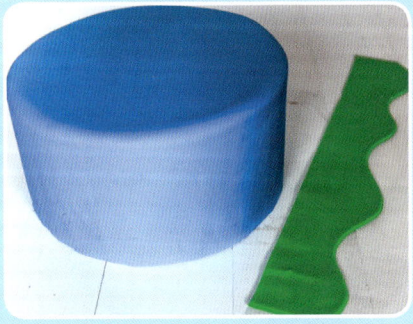

❶ Den Kuchen mit der Buttercreme oder Ganache überziehen (s. S. 19–21). 1,25 kg Fondant blau einfärben und die Torte sowie ein rundes Cakeboard damit eindecken (s. S. 22/23). Die Oberfläche mit Fondantglättern sehr sorgfältig glätten.

❷ Für den Hintergrund 200 g Fondant grün einfärben. Einen Streifen Wachspapier so zuschneiden, dass er die ganze Torte auf zwei Drittel der Höhe umschließt, und mit etwas Pflanzenfett bestreichen. Den grünen Fondant auf dem Wachspapier ausrollen, eine der langen Seiten gerade, die andere wellig abschneiden.

❸ Den Fondantstreifen dünn mit Fondantkleber bestreichen und auf den Tortenrand kleben. Einige Minuten antrocknen lassen, dann vorsichtig abziehen.

4 Für die Einzelteile der Lokomotive etwas vom übrigen Fondant für weiße Flächen abnehmen, den Rest in mehrere etwa gleich große Portionen teilen und schwarz, rot und gelb einfärben. Die verschiedenfarbigen Fondants einzeln ausrollen und daraus Vierecke, Dreiecke, unterschiedlich große Kreise, Wolken usw. ausschneiden bzw. ausstechen. Eventuelle Reste vom zuvor benutzten blauen und grünen Fondant können ebenfalls verwertet werden.

5 Die Lokomotive zunächst probeweise auf der Arbeitsfläche legen, eventuell fehlende Formen ergänzen. Dann die fertigen Teile mit etwas Fondantkleber bestreichen und auf die Torte kleben.

Tipp: Aus solchen bunten geometrischen Grundformen lassen sich alle möglichen Motive legen, z. B. Häuser, Autos oder abstrakte Bilder. Um die Torte dem jeweiligen Anlass anzupassen, können nach Belieben Geburtstagskerzen, Wimpel, Zahlen oder Namen hinzugefügt werden.

Der Autor

Marian Moschen, geboren 1983, Gründer von www.mannbackt.de, ist im echten Leben Kindergartenpädagoge und Familienvater. Seine Leidenschaft fürs Backen entdeckte er schon, als er noch in den Kinderschuhen steckte; der Weg hin zum Designer von aufwendig verzierten kreativen Motivtorten war jedoch eine Frage der Männlichkeit.

Bei der Gestaltung seiner Hochzeitseinladungen nämlich gab seine Frau das Zepter nicht aus der Hand. Seines Mitspracherechts beraubt und entsprechend in seinem männlichen Stolz gekränkt, entschied er sich dafür, jeder Einladung ein kleines Hochzeitstörtchen beizulegen. Damit war der Erstkontakt mit dem geheimnisvollen Material Fondant hergestellt und Marian hatte seine kreative Erfüllung gefunden. Schnell wurden aus kleinen Törtchen komplizierte und ausgefallene Motivtorten, unter anderem für Taufen und Hochzeiten. Die Erfahrungen, die Marian bei der Herstellung seiner Kunstwerke sammelte, wollte er auch mit anderen Backbegeisterten und Kreativen teilen, deshalb rief er 2012 seine Website ins Leben.

Es dauerte nicht lange und aus seinem Backblog wurde eine Erfolgsgeschichte. Der backende Mann schreibt mittlerweile eine Backkolumne für eine renommierte deutsche Zeitschrift und steuert regelmäßig neue, innovative Rezepte zu Online-Backbüchern bei. Außerdem gibt er sein umfangreiches Wissen auch bei Backkursen an Anfänger und Profis weiter – bei den ausgebuchten Events entstehen unter der Anleitung des begnadeten Bäckers wundervolle, beeindruckende Kreationen. Mit diesem Buch schlägt er nun ein neues Kapitel auf und eröffnet damit auch Ihnen die Möglichkeit, in die Kunst des Motivtortengestaltens einzutauchen und Ihre Fähigkeiten zu entdecken.

Register

Weitere Titel aus dieser Reihe

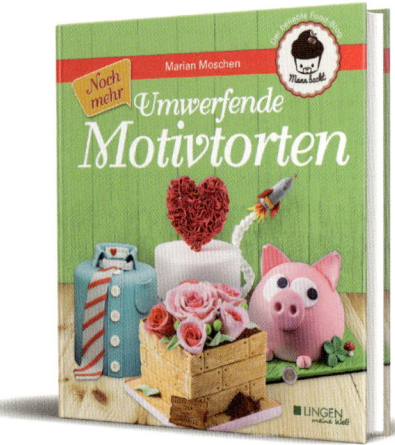

Mann backt Glück

In seinem neuen Buch „Mann backt Glück"
stellt Marian Moschen seine ganz persön-
lichen Glücksrezepte vor.

Hardcover, 192 Seiten
Format: 21 x 26 cm
ISBN 978-3-945136-90-4

Noch mehr umwerfende Motivtorten

Nach dem großen Erfolg des ersten Buchs
folgt nun endlich das Nachfolgebuch mit
neuen überraschenden Motivtorten-Rezepten
von witzig-originell bis klassisch-festlich.

Hardcover, 128 Seiten
Format: 20 x 23 cm
ISBN 978-3-945136-49-2

© 2017 by Helmut Lingen Verlag GmbH, Brügelmannstraße 3, 50679 Köln

Fotos: Marian Moschen, Archiv Lingen Verlag
Rezepte und Texte: Marian Moschen
Satz: MWK Zimmermann & Hähnel GmbH, Köln

FSC
www.fsc.org
MIX
Papier aus ver-
antwortungsvollen
Quellen
FSC® C104350